赤ちゃんあそぼ！

0～2歳のふれあいあそび

巷野悟郎・植松紀子
元こどもの城 小児保健部

赤ちゃんとママ社

遊びをせむとや生まれけむ
戯《たわぶ》れせむとや生まれけむ
遊ぶ子供の声きけば
我が身さへこそ動《ゆる》がるれ
――梁塵秘抄――

●はじめに

診察室から親子を見つめて…

巷野悟郎

近頃の赤ちゃんは、あまり病気もしないし、太りすぎなくらい栄養も十分です。赤ちゃんの着るものも手のこんだものが多く、親御さんは子育てを楽しむという時代になってきました。
しかし一方では、大人が赤ちゃんをあまりかまわなくなってきたような感じもします。赤ちゃんが静かに機嫌よくしていると満足してしまって、大人のほうからそれ以上、赤ちゃんにかかわっていかないようです。「どうしたらよいかわからない」という親御さんもいるかもしれませんが、かかわってもらえないと赤ちゃんは物足りません。
赤ちゃんは一人でも遊んでいますが、これからはもっと動きが活発になり、いろいろなものに興味を示して積極的になっていきますから、お母さんお父さんのほうからも赤ちゃんへ行動を起こしてほしいのです。
赤ちゃんを見ていると、よく動いています。そして、周りのものとかかわりを持ちたいと思っているのか、ときどき大人のほうを見て「あそぼう」と言いたげです。きっとそんな様子を見せるときがあります。
赤ちゃんは言葉で伝えることはできないけれど、からだの動きでいろいろなことを伝えようとしています。そういうとき、お母さんお父さんの気持ちは、きっと赤ちゃんに引きよせられていることと思います。その機を逃さず、ふれたり、話しかけたりしてあげると、赤ちゃんは気持ちを満足させて、より活発な動きを展開させて運動機能が発達していきます。
この本は、親御さんと赤ちゃんのかかわりを、赤ちゃんの発達につれて整理し、まとめたものです。まとめるにあたっては、私たち「こどもの城」で毎月開いていた、生後3ヵ月から1歳半までの乳幼児の集まり「赤ちゃんサロン」での観察結果がずいぶんと参考になりました。このような場でなければ、気がつかなかったような場面がたくさんありました。
この本がお母さん、お父さんと赤ちゃんの楽しいふれあいを広げて、新しい発見に役立てていただければ幸いです。きっと赤ちゃんとの毎日が、もっと楽しくなることでしょう。

CONTENTS 赤ちゃん あそぼ！

STEP 2 くびすわりのころ 3→4カ月

STEP 3 おすわりのころ 5→7カ月

STEP 4 つかまり立ちのころ 8↓10カ月

STEP 5 あんよのころ 1歳前後

STEP 6 てくてくのころ 1歳半前後

デザイン…大六野 雄二 ／ 川田 真実
●
本文イラスト…おのでら えいこ

Prologue

からだの発見
こころの芽生え

赤ちゃんは毎日変わります。
昨日できなかったことが今日はもうできて
明日は何を見せてくれるでしょう。
0～1歳の間にどれだけのことを獲得していくのか…
ちょっとのぞいてみましょう。

赤ちゃんは日々成長する存在です

赤ちゃんは1年で3倍になる？

巷野悟郎

生まれたときの体重は、平均しておよそ3kg。両手のひらに軽くのるくらいです。その赤ちゃんがわずか3ヵ月で2倍の6kgくらい、1年で3倍の9kgくらいの重さになります。1日の増え方を見てもはじめのころは1日になんと40〜50g。その後は少なくなりますが、1歳近くでも1日10gぐらいずつ増え続けています。小さな赤ちゃんにとっては大変な増え方です。
身長をみても、生まれたころは50cmなのに、1年たつとその1倍半、およそ75cmですから、1年間で25cmも大きくなります。これを1ヵ月あたりにすると、はじめのころは1ヵ月で3cm、1歳近くになっても1cmの伸びです。1日あたりにすると生まれて間もなくは1日に1mmですから、その成長は目に見えるほどです。
ですから、赤ちゃんのころは何が大切かといえば、からだの材料になる栄養のことを忘れることはできません。赤ちゃんの食欲が旺盛なのはそのためで、お腹がすけばいつでもどこでも泣いて乳やミルクを求めます。乳やミルクだけのときでも離乳食が始まっても、赤ちゃんの食欲を十分に満たしてあげましょう。

成長の道すじは人それぞれ

生まれたときの体重はみな違います。3kgというけれど、妊娠月数が短ければ小さいことが多いし、また反対に大きな赤ちゃんもいます。赤ちゃんは生まれた後も、それぞれの個人差によってみな違った体重増加の波をたどっていきます。1歳のお誕生日を迎えるころになると、平均値はおよそ9kgですが、大きな子は12kg、小さな子は7kgぐらいということもあります。身長もそうですし、頭囲や胸囲にも個人差が見られます。
さらに母子健康手帳の発育図表を見ればわかるように、くびすわりやおすわり、一人歩きなどといった運動発達にもかなりの幅のあることがわかります。とくに体重や身長の場合は、数字ではっきりと示されます。図表に書き入れてみるとその経過が一目瞭然なので、小さければ心配、大きすぎても心配…と、他の赤ちゃんとの比較から、ときには育児の自信をなくしてしまったりすることがあります。

はじめの1年間は、このように個人差が目立ちますが、その後はだんだんと差は少なくなっていくのが普通です。あまり心配しすぎず、その子なりの育ちを見守ってあげましょう。

自由なあそびをとおして赤ちゃんは進化する

生まれたばかりの赤ちゃんは、よくからだを動かしています。ときにはビックリしたように、手足を伸ばしたり、口に何かがふれるとそれを取りこもうとしたりします。これは赤ちゃんが生きるために必要な反射運動で、健康な赤ちゃんに見られます。しかし、そのような反射運動はだんだん少なくなっていきます。
その後も、赤ちゃんは一時もジッとしていることはありません。そして、からだ全体を使った動きから、次第に手指の操作など細かい運動へと進んでいきます。お母さんがあやしたり、話しかけたり、目の前におもちゃを見せたりしているうちに、無意識だった動きは次第に何かをしようと目的を持った動きへと変化していきます。その結果、同じようなことをくり返しているうちに、物を区別したり、言葉にみあった行動をとることなどができるようになり、同時に知能も発達していきます。

赤ちゃんのころの発達は、赤ちゃん自身の自由な動きと、大人とのふれあいや言葉かけによって、いつの間にか立ち上がって歩きだし、言葉を理解し、表情も豊かになり、自由なあそびを楽しむようになるのです。

大人からの働きかけは赤ちゃんの原動力

赤ちゃんは、私たち大人の生活の中からいろいろなことを吸収しながら育っていきます。もし、周囲の大人たちが、赤ちゃんの相手をせず、言葉かけもしなければ、赤ちゃんは人として育っていくことができません。みんなが赤ちゃんのことをかわいいと思って、抱っこしたり、話しかけたり、あそんだりするから、赤ちゃんは本来持っている力をどんどん伸ばしていけるのです。それは、周りからたくさんのことを吸収していけるだけの立派な脳が準備されているからです。そして、その行動の一つ一つが脳を刺激して、細胞と細胞との間の配線を完成させ、言葉を理解したり、思うように動いたり、認識力が高まっていったりするのです。
生まれてから半年くらいたつと人見知りがはじまるのは、お母さんと知らない人とを区別できるようになったからですし、生後10ヵ月ごろ「いないいないばぁ」をすると喜ぶのは、ほんのわずかの間見た顔を覚えていて、間もなく現れた顔に心が満たされるからです。
赤ちゃんの毎日は、人間が月世界に第一歩を下ろしたときと同じような感動の連続なのではないでしょうか。目をさましている限り、赤ちゃんには身の回りすべてのものが興味の対象なのです。

赤ちゃんをよく見れば赤ちゃんが見えてくる

赤ちゃんの自由なあそびを見ているとおもしろいことがいっぱいつまっています。さらに、自分が赤ちゃんになったつもりになると、今まで気がつかなかったことがいろいろ見えてきます。そうして、改めて目の前の赤ちゃんの様子を見ていると、赤ちゃんにどうかかわったらよいかが、わかってくるのではないでしょうか。
赤ちゃんは大人が考えているよりずっと優秀です。頭の中にはたくさんのものが準備されています。毎日の生活の中で、赤ちゃんが自分の力でそれを引き出せるように、大人は手を差し伸べ声かけしましょう。
そして、赤ちゃんがここまで育ってきたということを、ときどき振り返ってみましょう。赤ちゃんの成長を振り返ってみると、よくぞここまで大きくなったということが実感でき、自信につながるでしょう。

	くびすわりのころ（3〜4ヵ月）	ねんねのころ（0〜2ヵ月）
運動能力	・腹ばいにすると首を上げ下げする ・腹ばいにすると手足をバタバタさせる ・仰向けからうつぶせに寝返りする	・裸にすると足をぴんぴんさせる ・からだにかけたものを蹴飛ばす ・だんだん頭がふらふらしなくなり、たて抱きを好むようになる
操作・探索	・ガラガラなどを少しの間握っている ・ガラガラを振ってなめてあそぶ ・自分の手をじっと見ている	・ふれたものを握っている ・音のするほうに首をまわす ・手に持った物をしゃぶる ・ガラガラなどを目で追う
言語・認識	・そばを歩く人を目で追う ・声をたてて笑う ・気に入らないときはむずかる	・物や顔をジッと見つめる ・快いときに一人笑いする ・あやすと顔を見て笑う ・人がはなれると泣く

表1　赤ちゃんの成長の道すじ

つかまり立ちのころ（8～10ヵ月）	おすわりのころ（5～7ヵ月）	
・一人で座っておもちゃであそぶ ・つかまり立ちでしばらく立っていられる ・ハイハイができるようになる ・好きなところへ移動できるようになる	・支えがあれば座れるようになる ・寝ているより座りたがる ・少しの間、支えなしで座れる	運動能力
・両手に持った物を打ちあわせる ・物を何度もくり返し落とす ・引き出しの中の物をなんでも出す ・床に落ちている物をつまんで拾う	・おもちゃに自分から手を伸ばす ・いろいろな物を口に持っていく ・ボタンなどに注意を向けいじる ・持っている物で机をたたく	操作・探索
・要求があると声を出して注意をひく ・ほしいものがないと怒る ・イヤイヤ、バイバイなどの動作をする ・大人の言葉をすこし理解できる	・部屋に誰もいないと泣く ・知らない人がくると表情が変わる ・母親と他の人を区別する ・母親の姿が消えると探そうとする	言語・認識

てくてくのころ（1歳半前後）	あんよのころ（1歳前後）
・大きな物を持って立とうとする ・自分でちょこちょこ歩ける ・しゃがむことができる ・階段をはってのぼるが下りられない	・つたい歩きする ・数秒間支えなしで立っていられる ・手押し車などを押して歩く ・おすわりから手をつき立ち上がる
・高いところから物を落とすのが好き ・水いたずらが大好き ・戸を開けたり閉めたりする	・ボールを投げると投げ返す ・箱やビンのふたを開け閉めする ・鉛筆でめちゃくちゃ描きする ・絵本のページをめくる
・絵本の中の知っている物の名前を言う ・簡単ないいつけを理解して行動する ・言葉に反応して目、耳などを指し示す	・「マンマ」など言葉を話す ・物などを相手にわたす ・鏡に笑いかけたり、鏡であそぶ

人とのかかわりの中で心の芽は育っていきます

植松紀子

人をひきつける赤ちゃんの不思議な力

赤ちゃんは、不思議な力をいっぱい持っています。生まれて間もない新生児でも笑うことがありますが、その微笑みが反射的なもので人に向けられているのではないとわかっていても、大人はついついうれしくなるものです。そして、見とれてしまって笑いかけたり、ほっぺをチョンチョンとしてみたくなりますね。赤ちゃんの笑顔は、あらゆる人の心をやさしいものに変える魔法の泉です。
泣くことも赤ちゃんの不思議の一つ。動物は危険なとき、お腹がすいたときなどになきます。でも、赤ちゃんの元気な泣き声は、健康と力強さのサインです。そして泣くことは、身体的機能（肺）訓練だったり、不快の信号であったり、怒りの表現だったり、悲しみのメロディーだったりします。身体的機能訓練をしているときの赤ちゃんは、泣くことで快感や満足を得ているのかもしれません。まだ言葉を話せない赤ちゃんは、泣くことでいろいろなことを伝えたり、機能訓練をしている…これも大人にとっては不思議ですね。
新生児期の赤ちゃんは、まだしっかり物が見えているわけではありません。でも、ユラユラゆれているカーテンや、人の動きをジッと見つめています。はっきりと物が見えるようになると、自分の気持ちを目で訴えるようになります。初めて出会った人や、経験したことのないものにふれたときは、瞳を大きく見開きます。安心だと感じると普通のまなざしになります。
笑いや泣き、まなざし、身振りで、赤ちゃんは大人に向けてじつに多くの情報を発信しているのです。

赤ちゃんの心の芽が生まれるとき

生まれて間もない赤ちゃんは、大きな物音がすると、びっくりして興奮し、泣き出します。赤ちゃんの情緒は〝興奮〟から始まります。生後1ヵ月もすると、「おむつがぬれて気持ちが悪い」「お腹がすいた」「眠い」などと〝不快〟の感情を泣いて訴えるようになります。不快なことを取り除いてあげると〝快〟の感情になり、笑い顔が多くなったり、眠ってしまったりします。
興奮・快・不快は、情緒発達の中核をなすものです。大きくなるにしたがって、快の感情は、得意・大人への愛情・子どもへの愛情・喜び・希望などへ分化していきます。不快の感情は、怒り・嫌忌《けんき》・恐れ・嫉妬《しっと》・羨望《せんぼう》・失望・不満足・嫌悪・恥ずかしがり・心配などへ分化します。これらのいろいろな感情を表現できるようになるのは、5歳くらいからです（図1参照）。
赤ちゃんから幼児へと、このような情緒の発達段階をふむのは世界共通なのです。これらの情緒発達は、人と人との交わりや結びつき、つながりの状態によって快の多い子ども、怒りに満ちている子どもなどと変化していきます。ですから、大人の愛情を感じ取ることのできる小さい時期からの細やかな感情のキャッチボールが大事なのです。

気持ちが満たされていると周囲への興味も広がります

生まれたばかりのころは、男女差や個性らしいものははっきりと出ていません。では、赤ちゃんの発達の違いは、いつごろから、どんな形で現れてくるのでしょうか？

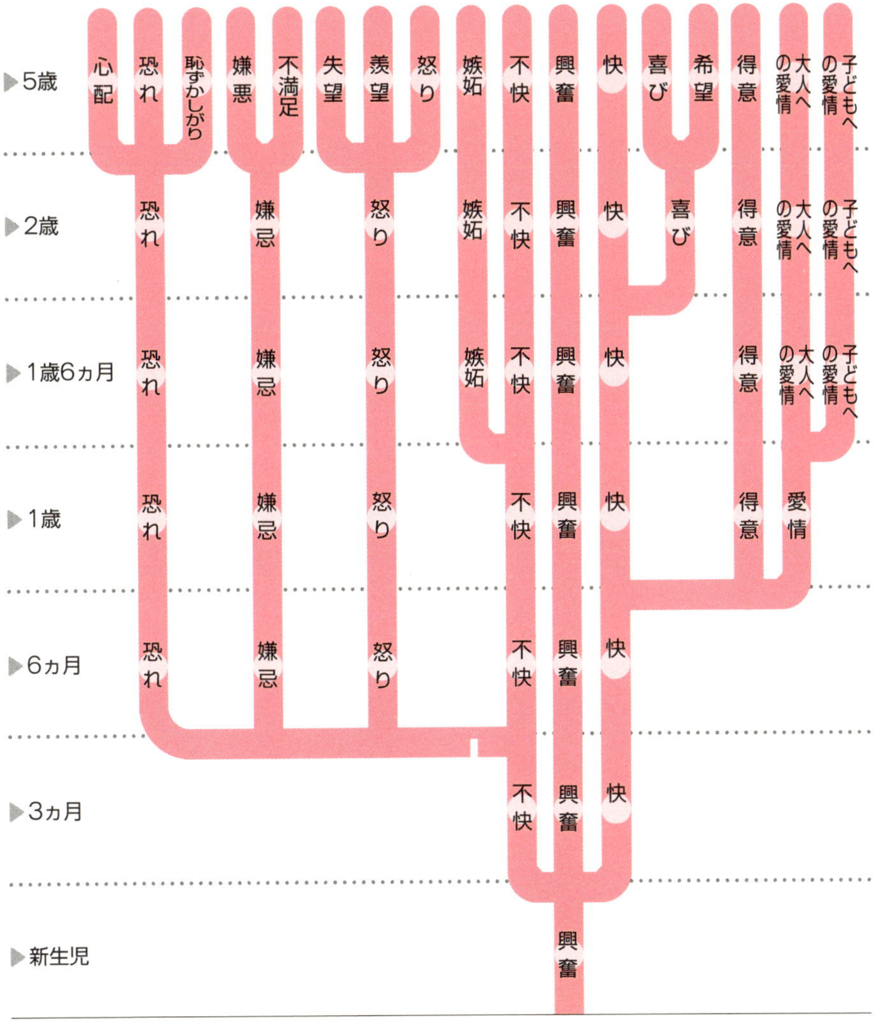

図1　情緒の発達（Bridges,M.B. 1932）

物がはっきり見え、首もしっかりしてきた生後3ヵ月ごろは、からだや心の発達の一つの節目です。よく笑い、お母さんの動きを目で追います。快・不快・興奮・怒りなどを、からだ全体で表現しようとします。抱かれることが大好きで、相手をしてもらいたがります。
たくさん抱かれて、あそんでもらって、自分の要求がかなえられ満足している赤ちゃんは、一見静かで落ちついていながら、内面では感覚が研ぎ澄まされた状態になります。なぜなら、赤ちゃんは要求がかなえられているのでむずかることが少なく、そのぶんのエネルギーを環境への反応や注意力などに向けることができるからです。そのため、自分の周囲の環境に非常に敏感になり、より多くのものを吸収していくことができるのです。ここから発達に違いが出てきます。
男女差や個人差がきわだってくるのは、生後6ヵ月ごろから。動くことが大好きだったり、さかんに声を出しておしゃべりをしているようにお母さんとあそびたがったりします。物を手のひら全体でつかんで、口へ持っていったり、振り回したり、人の行動をジッと見てまねるようになります。けれども、中にはおもちゃや人に関心がなく、ジッと座ったままの赤ちゃんもときどき見られます。そういう場合には、積極的に赤ちゃんの遊び相手になってあげましょう。キャッキャッと笑い声をたてるようになると、人や物への関心も変わってくるでしょう。

かかわりの中で育まれていくこと

赤ちゃんはどのようにして人を信頼し、お母さんお父さんは赤ちゃんとどんなふうになかよくなっていくのでしょう？　赤ちゃんのかわいらしいしぐさ、よく通る声、泣き声、満面の笑顔、しがみつくような動作、見開いたまなざしは、大人の感情を刺激します。私たちは本能的に赤ちゃんに引きつけられているのです。このようにして、ゆさぶられた感情が赤ちゃんに伝わり、早いうちから赤ちゃんは親との結びつきを自覚していきます。これが親子間の安定と安らぎを生み出して信頼関係に発展し、愛着を形成していくのです。
あそんでもらったり、話しかけられたり…大人とたくさんかかわっていくと、赤ちゃんはだんだんと言葉に近いいろいろな発音ができるようになってきます。腕を出して「だっこ！」というジェスチャーをしたり、バイバイのまねもして、ますますかわいくなってきます。赤ちゃんは周囲の人の行動、言葉をどんどん吸収し、大人たちの注意やあいさつの言葉かけなどに敏感に反応します。「あぶない」「だめ」「待ってて」「かわいいね」

「いい子ね」「ありがとう」「いただきます」「ごちそうさま」「ねんね」など、日常的な言葉を理解し、行動が伴っていきます。
記憶力も発達してくるので、人の見分けがついて自分とその人との関係もわかってきます。自分を取り巻く人との関係に気づいたとき、人見知りも起きてきます。知らない人に会うと、まずその人をジッと見つめ、知らない人だとわかると顔がゆがんで「うぇーん」と泣き出します。でも、信頼している大人がしっかりと抱きしめてあげていれば安心します。話しかけてきた人とお母さんお父さん が親しくしていると、赤ちゃんもしだいに表情がほぐれてくるでしょう。

子育ての中にたくさんの手を

赤ちゃんは、生まれ落ちた瞬間から、じつにたくさんの人たちと出会っていきます。一番はじめがお母さん。そして、医師、看護師、助産師、お父さん、きょうだい、おじいちゃん、おばあちゃん…。大きくなるにしたがって、家族という小さな社会から、幼稚園や学校など、より大きな社会へ参加していきます。人間は、社会的な生き物で、社会の中でしか生きられないのです。

生まれたばかりの赤ちゃんは、世の中のことを知りませんが、そのうちにさまざまなことを知り、自分の生き方を見つけ出し、社会に参加できる人に成長します。そのために必要な世の中のことや感情の表し方を少しずつ示してくれるのがお父さんやお母さんです。赤ちゃんの心の育ちの中には、人とのコミュニケーションをつかさどる機能がたくさん入っています。それは、笑顔だったり、言葉だったり、自己主張だったりします。
興奮から始まった情緒の発達は、快・不快・怒り・嫌忌・恐れ・大人への愛情・子どもへの愛情・得意・嫉妬…どんどん分化していきます。赤ちゃんは口から食べ物を取り入れ、必要な栄養分を体内に取り込みます。いろいろなあそびや体験、経験は食べ物と同じように心の栄養になります。情緒の発達も〝快〟に基づいた刺激をたくさん体内に取り入れているか、〝不快〟が多いかによって、感情のバランスがとれているかが異なってくるのです。赤ちゃんを取り巻いている私たちが、そのお手本になっていることに、改めて意識を持ちたいと思います。

Column

あそびのツボ

❶赤ちゃんの様子をよく見て

うれしいとき、怖いとき、それは表情や声に表れます。赤ちゃんをよく見て、声をかけながらあそんであげましょう。大人にとってはなんでもない動きでも、赤ちゃんには強すぎたり、速すぎたりすることがあります。赤ちゃんのペース、動きにあわせ、危険なことは極力避けたいですね。

❷パパとママ自身が楽しもう!

「遊んであげる・あげなきゃ」という義務感ではなく、大人自身が楽しむ気持ちが大切。たくさんかかわって、たくさんあそんであげると、赤ちゃんは最高の笑顔を見せてくれます。赤ちゃんの笑顔は、大人にとってなによりうれしいものですね。一緒に笑いあえる時間が多ければ、それだけ信頼感も深まります。

❸一人あそびの時間も大切

ゆれるものをながめたり、ガラガラを楽しんだり…赤ちゃんは一人あそびが大好きです。一人でいることで満足感や安心感を得たり、物のしくみを熱心に研究していたりします。いつも大人がかかわっていなければいけないわけではありません。一人あそびに夢中なときは、様子を見守っていてあげましょう。

❹赤ちゃんって移り気?

何度も何度も同じことをくり返したり、2、3回ですぐ飽きてしまったり…赤ちゃんの思考回路は大人には不可解かもしれません。でもそれが赤ちゃんです。赤ちゃんのあるがままを受け止めてあげましょう。

STEP 1

ねんねのころ

0 → 2 カ月

寝て・泣いて・授乳して　寝て・泣いて・授乳して…
新生児は一日中このくり返し。
お世話で大いそがしだけれど、ポカポカ陽気で
気持ちのいい朝、お腹がいっぱいでご満悦な昼下がり、
泣きやんでくれない夕ぐれどき、
ちょっとスキンシップを楽しみましょう。

STEP 1

ねんねのころのカラダ

0→2カ月

●赤ちゃんはどんどん軽くなる?

生まれて間もない赤ちゃんを抱っこしたとき、その重さを両手に感じることでしょう。赤ちゃんはまだ自分でからだを動かすことができないので、抱っこされれば大人の手にすべての重みをかけるからです。
しかし、それもはじめのうちだけで、だんだんと赤ちゃんはうまく抱かれるように協力してくれるようになります。ですから、増えていく体重の割には、その重さの感じ方は軽くなっていくのではないでしょうか。同じ重さのお米よりずっと軽く感じると思います。

●飲む・寝るが赤ちゃんの基本

はじめのころ、赤ちゃんは唇にお母さんの乳首がふれると、反射的にそれをとらえて口の中にくわえ、力強く吸います。そして、吸った乳が口にたまるとゴクンと飲み込みます。
しかし、よく注意してみると、乳を飲んでいるとき同時に鼻で呼吸していることがわかります。大人はなにか飲むときは呼吸を止めますが、このころの赤ちゃんは両方一緒で、飲みながら呼吸するという器用なことをやっています。そのため空気も一緒に飲み込んでしまうので、乳を飲んだ後はゲップを出させることが必要なのです。
このように、乳を飲むたびに空気も飲み込むし、お腹の筋肉にはまだ力がないので、腸にガスがたまってお腹がカエルのようにふくらみます。赤ちゃんがよくオナラをすることに気がつかれるのではないでしょうか。
このころは飲んだり寝たりですが、起きてあそんでいるときは、なるべく声かけをしたり、抱っこをしたりして、赤ちゃんのお相手をしてあげましょう。それによって赤ちゃんはからだの動きも活発になり、しっかりしてきますし、あそびの中でいろいろなことを覚えていきます。
(巷野)

STEP 1

ねんねのころのココロ

0→2ヵ月

●反射の時期

生後1ヵ月までの赤ちゃんは、昼夜の区別なくとにかくよく眠ります。手足を折り曲げて、まだ子宮の中にいるような形です。でも、突然大きな音がしたり、抱き上げたりするとビクッとして何かをつかもうとします。これを〝モロー反射〟といいます。手のひらや足の裏にふれると指を曲げて物をつかむような動作を〝把握反射〟、指や布団が口のまわりにかかると慌ててチュウチュウと吸いはじめる動作を〝吸啜《きゅうてつ》反射〟といいます。新生児はじつに多くの反射運動をしています。
赤ちゃんの神経系は未熟なために、筋肉の震えが起きたり、反射が起きたりします。ほほえみのような表情をしますが、これもその一つです。これらはすべて正常な反応で、生後3ヵ月ごろまでには消えてしまいます。

●快・不快を表現する

だんだん起きている時間が長くなるにつれ、お腹がすいたり、おむつがぬれて不快になると、泣き出すようになります。不快の原因を取り除いてあげて、やさしくなだめるように話しかけると、泣きやんでその人をジッと見つめます。まるで心の中に、何かをイメージしているかのようにです。
生後2ヵ月ごろになると、笑うことも多くなります。お腹がいっぱいになり、おむつもぬれていないとニッコリしたり、機嫌のよいときには「アー」「ウー」「クークー」と声を出します。雰囲気を察することができるようになるので、親が精神的に不安定になると赤ちゃんも混乱します。
この時期に赤ちゃんのからだ全体をなでてあげると喜びます。部屋を暖かくして、裸にしてお父さん、お母さんの手のひらや指でやさしくなでてみましょう。たくさんふれあうことで、親子のつながりも強くなっていきます。

（植松）

素肌にタッチ！

着替えのときやおふろのあと、
赤ちゃんの肌をやさしくなでてあげましょう。
「きもちいいねー」などと
声をかけながら行ないます。
月齢の低いうちは、なでるように
やさしくタッチしてあげましょう。

❶ 寒くない部屋で赤ちゃんをおむつ一枚にします

❷ 手や足は先からつけ根に向かって、おなかは時計まわりに、背中は上下になでなで。ついでにほっぺも、ちょんちょんしましょう

発達のPoint

新生児のころは皮膚が一番敏感。たくさん皮膚をなでてもらうことで満足感が得られます。皮膚にさわってもらい、やさしくケアされる体験は安定の一番の基本となるものです。皮膚への適度な刺激は、内臓器官の働きも活発にさせます。

ねんね歌をうたおう

赤ちゃんがなかなか泣きやまない…
そんなときはだっこでユラユラ、
添い寝でトントンとリズムを
とりながら歌をうたってあげましょう。
ゆったりした静かな曲なら好きな歌で
いいですよ。鼻歌でもOK。

発達のPoint

「どうしてこんなに泣くの?」…赤ちゃんはお腹がすいたり、おむつがぬれていたり、不安な気持ちになると反射的に泣き出します。言葉を話せない赤ちゃんにとって、泣くことは自分の状態を伝える一番有効な手段なのです。

ねんねこよ〜

七つの子

作詞・野口雨情　作曲・本居長世

か ら ー す　な ぜ な く の　か ら す は や ま に
か わ い い　な な ー つ の　こ が あ る か ら よ

かわいいモビール

布団に寝かされていることが多い時期。
赤ちゃんの目や耳を楽しませてくれる
ものがあるといいですね。
ハンガーに厚紙でつくった飾り、
お気に入りのおもちゃ、鈴などをつけて、
ゆれる光や影を楽しませてあげましょう。

1 飾りは白と黒のコントラスト模様や、赤・青などはっきりした色がGOOD!

2 飾りやおもちゃをひもにつなげます

発達のPoint
モビールもいいですが、たまには抱きおこしたり、ひざにのせて視界を広げてあげましょう。寝ているときとはまったく違う周囲の様子に赤ちゃんも興味津々です。

3 飾りをハンガーにつけます。長いひもは赤ちゃんには危険なので、手の届かない距離に

赤ちゃんとおしゃべり

目と目をあわせて、
ジェスチャーも交えながらおしゃべり。
赤ちゃんは大人の語りかけに耳を澄ましています。
「おめめさめたね」「お腹すいたかな?」
「いい天気だね」「かわいいね」…
いっぱい話しかけてあげましょう。

高い声、低い声、リズミカルな声、ささやくような声…いろいろな声で話しかけ、それぞれの音にどんな反応を示すのか観察してみましょう。くちびるを「ぶー」とふるわせるあそびも喜びます

発達のPoint

「ククク」「ルルルル」…新生児の発声は、本来生理的･反射的なものです。でも、大人がそれに対して「気持ちいいの」「楽しいねー」など、いろいろな言葉をかけてくれるうちに、自然と人にむかって声を出したり、声による要求や応答をするようになります。

ほっぺ・ちょんちょん

ほっぺ、鼻、おでこ、あご、くちびるを
リズミカルにちょんちょん。
赤ちゃんの手を持って自分の顔に
さわらせてあげてもいいですね。
「ここはとうちゃんにんどころ」を
うたいながらあそんでもいいでしょう。

ここはとうちゃん
にんどころ

1 指でおでこをちょん

2 鼻から口へ指をつたわせます

ほそみち
ぬけて

こちょこちょ
こちょ

3 あごの下をくすぐります

※「にんどころ」とは「似ているところ」という意味。「とうちゃん」を「かあちゃん・ねえちゃん・じいちゃん」などに替えて、顔のいろいろな部分をさわってみましょう

ここはとうちゃんにんどころ

わらべうた

こ こ は とう ちゃん にん ど こ ろ
ほ そ み ち ぬ け て コー チョ コ チョ

目で追いかけっこ

赤ちゃんの目の前で、
ガラガラやお気に入りのぬいぐるみを
ゆっくり左右に動かしてみましょう。
興味のあるものなら、
赤ちゃんも一生懸命頭を動かして、
目で追おうとします。

発達のPoint

はじめのうちは自分で首を動かすことはできませんが、目の前でゆっくり物を動かすと、それにあわせて瞳がゆっくり動きます。そこに音が伴うとより効果的。歌をうたったり、声をかけたり、鳴り物を使ってもいいですね。

音の出るものがベスト。ガラガラやフィルムケースに鈴を入れたおもちゃなどもいいですね

顔まねあそび

いろいろな表情あそびをしてみましょう。
赤ちゃんは大人の表情をジッと見て
動きをまねようとします。
赤ちゃんは視力が未熟なので、
顔を近づけて20〜25cmの距離で
ゆっくり見せてあげるといいですね。

ベーッと舌を出したり、プーッと
ほほをふくらませたり、アーッと
大きく口をあけてみましょう

発達のPoint

新生児期の視力は0.02くらいだといわれています。大人ならぶ厚いメガネが必要ですね。1歳で0.2くらい、3〜5歳になってやっと大人並の1.0〜1.2ぐらいの視力がつくといわれています。

おててブランコ

赤ちゃんに大人の指をにぎらせて
その手を持ち上げてブラブラ。
リズムにのったり、歌をうたいながら
ゆっくりとゆらしてみましょう。
大人の指の感触が
赤ちゃんにも伝わります。

1 親指を赤ちゃんににぎらせます

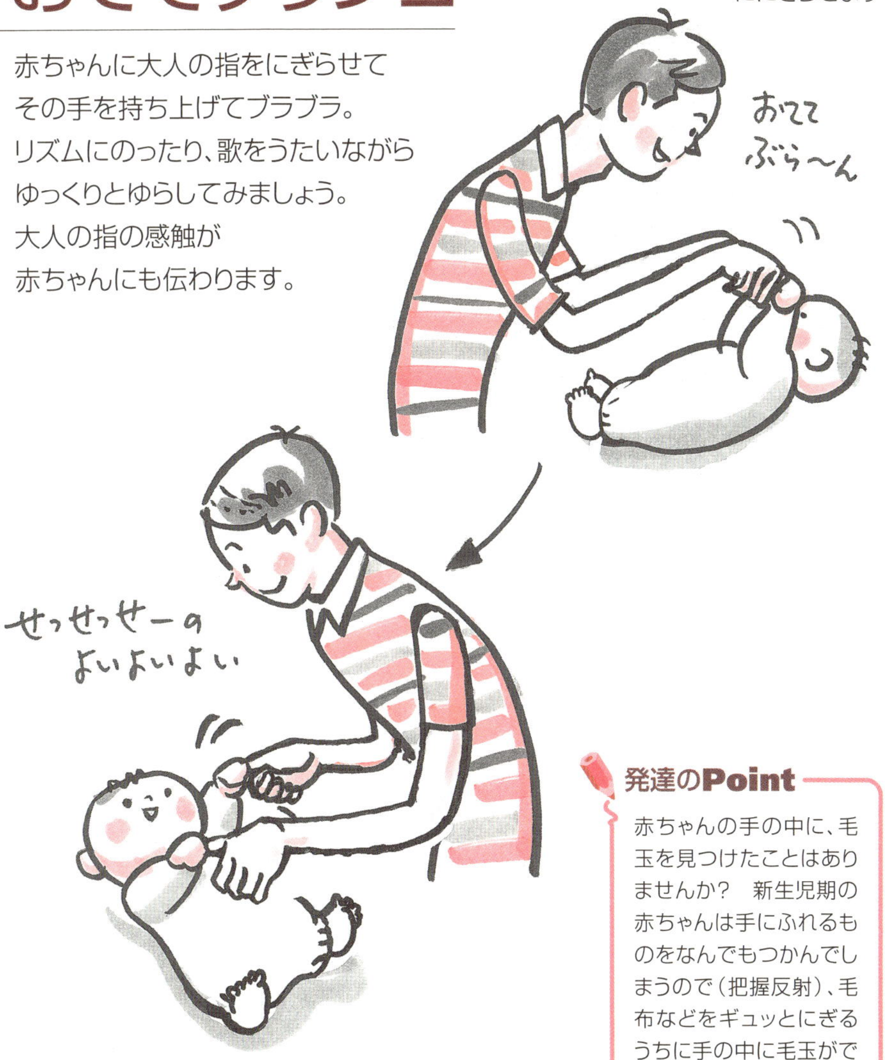

2 リズムにのって腕をゆらしたり、曲げ伸ばししたり、打ちあわせたり、交差させてみましょう

発達のPoint

赤ちゃんの手の中に、毛玉を見つけたことはありませんか？　新生児期の赤ちゃんは手にふれるものをなんでもつかんでしまうので（把握反射）、毛布などをギュッとにぎるうちに手の中に毛玉ができてしまうのでしょう。

かおりゲーム

ねんねのころは、なかなかお散歩に行けないけれど、自然にはたくさんふれさせてあげたいですね。
葉や花をとってきて、
まずはママがかいで「いいかおり!」。
赤ちゃんにもかがせて「いいかおり!」。

1 草花もいいですが夕食のお野菜などでもOK。季節を感じる物を見せてあげましょう

2 赤ちゃんがどんなかおりに興味を持つか観察してみましょう

発達のPoint

新生児は目ではっきり物をとらえることができませんが、音やにおいには非常に敏感で、母乳やママのにおいを嗅ぎわけることができるといわれています。一対一の関係が成立していく、一番最初のところにママのかおりというのがあるのかもしれませんね。

にぎにぎあそび

新聞紙、スーパーのビニール、スポンジ、タオル、ブロック…赤ちゃんにいろいろな素材の物をにぎらせてあげましょう。
やわらかい、かたい、フワフワ、カサカサ…はじめての感触に赤ちゃんも「おやっ」という顔をします。

発達のPoint

新生児期はほとんどギュッと手をにぎったままです。自分から物を見つけて取りにいくことはできないので、持たせてあげる…手から離してあげる…また違う物を持たせてあげる…というようにしないと、つかむことはできません。

赤ちゃんがにぎりやすいサイズの物がいいでしょう。いらないタオルで小さいにぎにぎ人形をつくってあげるのもいいですね

Column

赤ちゃんとパパ

赤ちゃんは人と人の間で育っていきます。赤ちゃんとかかわる人として、やっぱりパパは重要な担い手です。「子どもの世話はママがやる」ではなく、「2人で育てる」でいきたいですね。でも仕事だって大変だから、できることからはじめましょう！

●あそびは赤ちゃんの日常のお世話から

お風呂に入れたり、着替えをさせたり…赤ちゃんの日常の世話をとおして「赤ちゃんってこんなふう動くんだ、こんな表情を見せてくれるんだ」ということがわかれば、赤ちゃんと接することが楽しくなるものです。そんな中から、自然と声のやりとりやあそびも生まれてきます。

●最初から上手になんて無理

赤ちゃんに泣かれた…とめげていませんか？　最初は、毎日赤ちゃんの相手をしているママにはかなわないかもしれません。でも、失敗しながらもかかわっていくことで、きっと赤ちゃんの喜ぶツボを発見できるはず。ママもパパが赤ちゃんを泣かせても、怒らずにサポートしてあげましょう。

●パパだからできること

からだを使ったダイナミックなあそび、パパのゆったり感、気長につきあってくれるところ…ママとは違うパパだけの味に気づくと、赤ちゃんは自分からパパに寄っていきます。「パパだからできる」かかわり方を探してみましょう。

STEP 2

くびすわりのころ

3 → 4 カ月

身近にいる人　おっぱいをくれる人
たくさんあそんでくれる人…
人をしっかり認識しはじめ、
かかわりを持ちたいと思いはじめる時期。
赤ちゃんからのサインをキャッチしましょう。

STEP 2

くびすわりのころのカラダ

3→4ヵ月

発達の最初の一歩〈くびすわり〉

運動機能の発達には原則があります。それは脳の入っている頭に近いところから進んでいくということです。その第一段階が「くびすわり」です。まず首がしっかりしなければ、それから後の発達も遅れるのです。
赤ちゃんの機嫌がよいとき、うつぶせにしてみましょう。はじめは頭をモゾモゾしながらも、顔を上げようと懸命に努力しています。時折、頭をグッと上げる様子が見られ、だんだんと両手でつっぱって、顔をふとんから上げるようになります。
次に仰向けに寝かせて手を持って引き起こしてみましょう。はじめのうちは頭が後ろにたれていますが、そのうちだんだんと頭もついてきます。そういうときの赤ちゃんは、首や胸やお腹に力を入れて懸命に頭を上げようとしています。こんな力があったのかと思うほどです。
この二つができると「くびすわり」で、赤ちゃんを抱っこしたときにも頭がしっかりするし、おんぶもできるようになります。

自分で動けたよ！〈寝返り〉

生後4ヵ月を過ぎるころ、からだの動きが活発になってくると共に、「寝返り」ができるようになります。これができると、おもしろくて何回もくり返すので、いつの間にかふとんからはみ出して寝ていることもあります。
しかし、寝返りはからだ全体を使った動作なので、太っている赤ちゃんはしにくいし、厚着をさせられていると服が邪魔で寝返りができないことがあります。そして、寝返りをしないまま、おすわりに移ってしまう赤ちゃんもいます。しかし、いつかはできるようになるのですから、順番は心配ありません。このころになれば体温調節機能も発達してくるので、服は大人より一枚少なめ、なるべく薄着の習慣をつけたいものです。
（巷野）

STEP 2

くびすわりのころのココロ

3→4ヵ月

人ともっとかかわりたい

生まれて3ヵ月目は、赤ちゃんにとって一つの節目になります。
首がすわり、脳神経の発育が首にまで及び、知能が順調に発達していきます。目ではっきりと物を見ることができるようになり、物や人を求めて探します。表情も豊かになり、声をたてて笑うようになります。
あやされることが大好きで、笑っている人の顔を見て笑ったり、人に向けて自分からニッと笑いかけたりします。これは、赤ちゃんと周囲の人との人間関係が育ってきて、赤ちゃんがその人に向けて働きかけたいという意思の表れです。
特にお母さんとは、密接な関係にあることがわかるようになりますので、お母さんがいなくなると姿を探して泣き出すことがあります。お母さんが赤ちゃんのそばを離れるときには、「ご飯の支度をするからね」とか「トイレへ行くから待っててね」と声をかけるといいでしょう。

動くものが大好き

生活のリズムができてきて、昼間長く起きていられるようになると、あそびの時間も増えてきます。〝いないいないばぁ〟などは、何度も何度もくり返したがります。おもちゃを差し出すと、握って振り回したりします。偶然手にふれた物が動くと何度もさわろうとします。
赤ちゃんのあそび道具として、かなり早い時期から各家庭にあるのがモビールです。これは、色鮮やかでメロディーに合わせてゆっくりと動きます。しっかりと物が見えるようになった赤ちゃんは、この動く物を手でつかもうとしますが、まだつかめないことをすぐに理解します。でも、規則的に動くものは好きでモビールを目で追っているうちに眠りに入っていくこともあります。
（植松）

おむつ交換も楽しく

「きれいきれいしようね」と声をかけて、
まずはすばやくおむつを交換。
足首を持って「1・2・3・4」と
足のまげのばしをしたり、
やさしくマッサージしたり…
スキンシップを楽しみしましょう。

❶ 両足を持って打ちあわせます

あんよを
チョンチョン♪

1・2・1・2
歩きましょ!

❷ 歩くように交互に足を
まげのばしします

さいごは
のびのび〜

❸ 両手を上にのびをさせてから、お腹、背中、
全身をこすってあげましょう

発達のPoint

暖かい部屋なら、できるだけ薄着を心掛けましょう。厚着は赤ちゃんの自由な動きを妨げます。あそんでいるときは赤ちゃんの髪止め、ママのアクセサリーも危険なのではずしましょう。

いないいないばぁ I

「いないいないばぁ」は
赤ちゃんあやしの王道です。
まずは大人の顔をハンカチで隠して
「いないいないばぁ!」。
赤ちゃんの顔にもかぶせて
「いないいないばぁ!」。

オーバーな動きや表情をすると赤ちゃんにも大うけです

視界がさえぎられるとビックリすることもあるので、
怖がるときは口だけにかけてあげましょう

発達のPoint

赤ちゃんはなぜ「いないいないばぁ」が好きなのでしょう? それは手で顔を隠すと、本当に顔が消えてしまったように見えるから。まだ手の裏に顔が隠れていると認識できないのです。
マジックショウのように見えるのかもしれませんね。

おきあがりこぼし

赤ちゃんに大人の親指をにぎらせてから
つつみこむように手を持ち、
上体を引っぱりおこして「おはよう」。
もとに戻して「おやすみなさい」。
上下のおきあがりに
チャレンジしてみましょう。

❶ 赤ちゃんの手を持ち、ゆっくりと上体を持ちあげます

❷ そっと戻して寝かせてあげましょう

発達のPoint

このあそびができれば、首がすわった証拠。首がすわっていないと、からだを持ちあげたとき首が後ろにたれてしまいます。

こちょこちょゲーム

こちょこちょは赤ちゃんが大好きなあそび。
「いーちり（一里）」で足先にタッチ。
「にーり（二里）」で足首にタッチ。
「さーんり（三里）」でひざにタッチ。
「しりー!」でお尻をこちょこちょします。
スリリングな口調でやってみて。

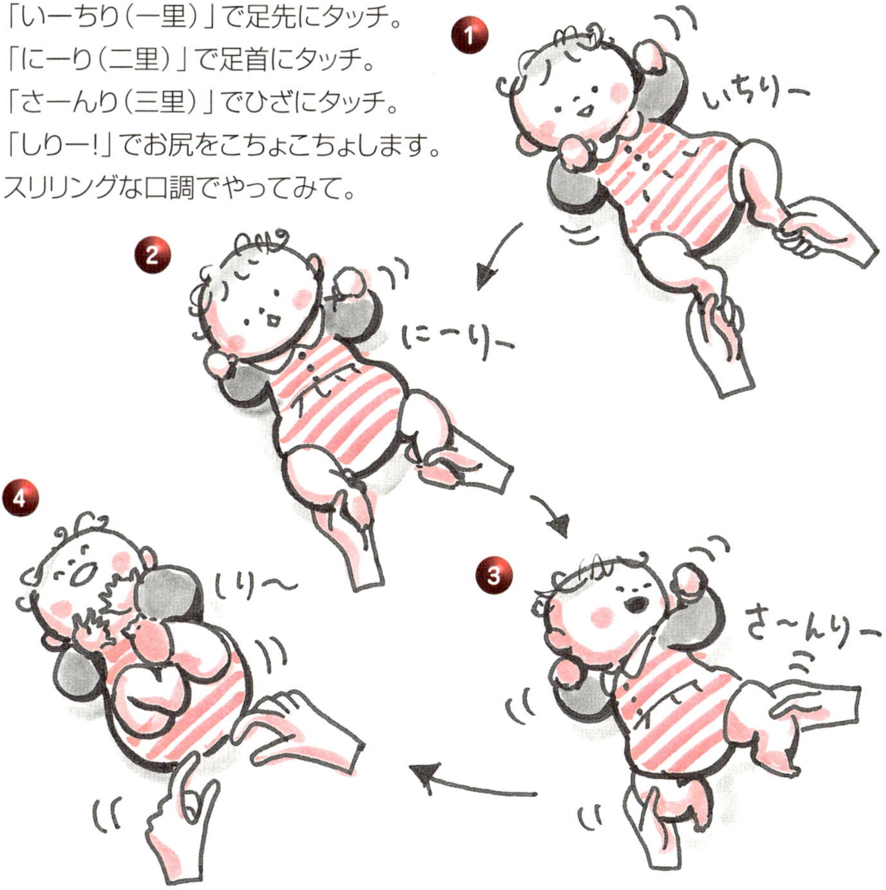

発達のPoint

新生児期の笑いは反射でしたが、このころになると大人にむかって「ねえ、笑って!」と語りかけるような笑いを見せてくれるようになります。きちんと人を認識して、人にむけて働きかけます。

タオルでゆりかご

赤ちゃんをバスタオルかシーツにのせます。
両端を大人二人で持ちあげて、
歌などをうたいながら
ゆっくりゆらしてあげましょう。
頭のほうをすこし高くするとGOOD!
落ちないよう気をつけましょう。

発達のPoint

首がすわったといっても、赤ちゃんのからだはまだまだ完全ではありませんから、ゆっくり、やさしくが基本。赤ちゃんの表情をよく見てあげてください。歌声にうっとり、楽しくてキャッキャッ…となれば大成功!

ゆりかごのうた

作詞・北原白秋　作曲・草川信

ゆ りかご の う たを カ ナリヤ が う たうよ
ね んね こー ね んね こ ね んね こ よ

腹ばいあそび

いつも仰向けの赤ちゃん、
たまには視線を変えてあげましょう。
一緒に腹ばいになってむかいあい、
顔をのぞいたり話しかけたり…。
ボールなどのおもちゃで、前から
赤ちゃんを応援してあげましょう。

腹ばいにすると、お腹でからだを支えて手足をバタバタさせ、ひこうきのようなポーズをとることがあります

赤ちゃんはまだ自分で手を前に持ってくることができません。
あごの下に手がくるようにしてあげるといいですね

発達のPoint

新生児期は頭をあげることさえできなかったのに、だんだんと自分で頭をおこし、しっかり腕で上半身を支えられるようになってきます。自分で顔をあげ、おもちゃであそぶことができる…たった数ヵ月ですごい進歩ですね。

ユラユラ watching

赤ちゃんはゆれるもの、光るものを
じっと見つめるのが大好き。
カーテンが風でゆれるのを楽しんだり、
お散歩に出かけたら
草木がサラサラゆれるのを
一緒に観察してみましょう。

部屋を暗くして、懐中電灯をユラユラさせて
光を楽しむのもいいですね

はっぱも
さらさら
ゆれてるね…
アー!

発達のPoint

このころになると、見たいものの動きを頭を動かし、目で追うことができるようになります。きっとママやパパが忙しそうに部屋を行き来すると、一生懸命その動きを追うでしょう。

一本橋こちょこちょ

赤ちゃんをひざにのせ、
「一本橋こちょこちょ」の歌にあわせて
手のひらをさわったり、たたいたり…。
最後は思いっきり
「こちょこちょこちょー!」と
くすぐってみましょう。

1 人さし指で手のひらをくすぐったり、たたいたりします

一本橋こちょこちょ
すべって
たたいて
つねって

2 腕をのぼるように2本指を動かします

かいだんのぼって

こちょこちょこちょ

3 脇をこちょこちょします

一本橋こちょこちょ

わらべうた

いっ ぽん ば し こ ちょ こ ちょ す べ っ て た た い て
つ ねっ て かい だん の ぼ っ て コ チョ コ チョ

Column

赤ちゃんとおもちゃ

おもちゃはまず、パパ・ママがおもしろそうだなと思ったものを選んでみましょう。わざわざ買わなくても家の中にあるものでだってあそべます。さて、あなたの赤ちゃんはなにが一番のお気に入りですか？

発達に応じたおもちゃ

赤ちゃんは発達によってできること・できないこと、興味があることが変化します。
生後3ヵ月ごろ…自分では動けないので見て聞いて楽しむ時期。モビール、にぎってあそべるものなど。
生後6ヵ月ごろ…なんでもなめる時期。口に入れても危険でないものを選びましょう。ガラガラなど。
生後9ヵ月ごろ…たたいたり、打ちあわせたり、道具使いもより高度に。ブロック、つみ木など。
お誕生のころ…大人の物に興味津々。バッグや台所用品など生活まわりグッズを応用。

長く楽しめるおもちゃ

生後5ヵ月ごろは、かじってなめて楽しんでいたお人形が、1歳ごろからはごっこあそびで活躍…一つのおもちゃでも発達に応じてあそび方もいろいろ変化します。お人形やボール、ブロックなど長く楽しめるおもちゃがあるといいですね。

早く教えれば早くおぼえる？

赤ちゃんに早くいろんなことを教えたい…と発達段階より高度なことを要求していませんか？　視力や手指の発達、認知能力は段階を追ってゆっくり育っていきます。きっと、その時期にこそ味わえるおもしろいおもちゃあそびがあるはずです。

STEP 3

おすわりのころ

5 → 7 カ月

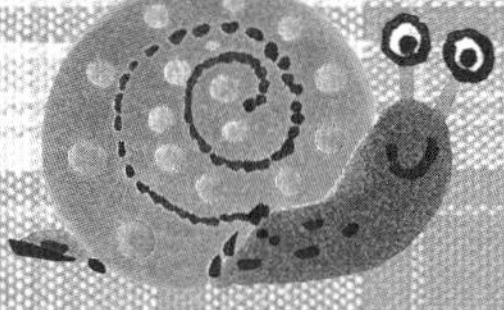

なぜ赤ちゃんはあんなに熱心にあそぶのでしょう?
赤ちゃんにとって動くもの、音の出るもの…
すべてが興味の対象です。
目と手と口を駆使して
自分の周囲の世界でおきることを
とらえようとしているのでしょうか?

STEP 3

おすわりのころのカラダ

5→7ヵ月

●世界が広がるとき〈おすわり〉

くびすわりの後は「おすわり」の番です。とはいっても、赤ちゃんが自分からからだを起こしておすわりの練習をするわけではありません。大人が、もうそろそろおすわりができそうかなと思えてきたら、おすわりさせてみてください。
おすわりさせてみても、はじめのうちは嫌がることでしょう。そのようなときはすぐやめてください。しかし、わずかでもすわっていられる時間ができると、赤ちゃんは自分からからだを起こそうと努力するようになります。それでも、しばらくすればおすわりに疲れてしまいます。そして、おすわりの練習をくり返しているうちに、いつの間にか倒れそうになると自分から手をつくことができるようになります。これがおもしろくて何度もやっているうちに、上半身を立てて周りを見まわす余裕も出てきます。
そうなれば、赤ちゃんは寝ているよりおもしろい世界が見渡せますから、おすわりをしながら得意そうな表情をしたり、次第に両手を使ったおもちゃあそびも始まります。このころから赤ちゃんの知能はグンと進歩していきます。

●移動手段を手に入れる〈ハイハイ〉

腰から足、そして手に力が入るようになると、うつぶせから両手両足を使っての「ハイハイ」が始まります。これも、赤ちゃんにはおもしろくてたまりません。
ハイハイがはじまるのは、普通は生後7ヵ月ごろからです。ハイハイもからだ全体を使った動作ですから、体重が重かったり、厚着をさせられていると、はわないで次のつかまり立ちへと移ってしまう赤ちゃんが、10人のうち2人くらいはいます。母子健康手帳でハイハイとつかまり立ちが同じころなのは、できるようになる順番が前後することがあるからです。
（巷野）

STEP 3
おすわりのころのココロ
5→7ヵ月

●言葉とボディランゲージ

生後6ヵ月ごろになると、赤ちゃんの言葉に対する関心はグンと広がっていきます。4ヵ月ごろから母音から子音へと広がった発音も、使える子音の種類がさらに多くなっていきます。
赤ちゃんから、お父さんやお母さんに向けて、話しかけるような声を出すこともあります。怒りの叫び声や嫌悪感のうなり声を発したり、恐れのためにうなだれたりもします。すごくうれしいときや興奮したときには、大きい声で笑ったりもします。
また、ボディランゲージも盛んに使うようになります。口をパクパクさせてお母さんの上着を引っぱって「おっぱいちょうだい」のサイン、両手を広げて訴えるような声を出して「抱っこして」のサイン…言葉を使えない赤ちゃんはからだ全体で要求を伝えようとします。
このようなサインに、お母さんは気づいていることが多く、自然に赤ちゃんの要求をかなえているものです。

●道具への興味

おすわりができるようになると、両手であそべるようになります。目の前にある物を両手でつかんだり、持ち替えたり、口に入れたりします。ブロックあそびやおもちゃを投げたり、ぶつけることも好きです。
以前は、偶然手にふれた物や、大人が渡してくれた物しかつかめなかったのに、興味のある物を見つけると「あれが欲しい！」と自分から手をのばして、物をつかめるようにもなってきます。そして、つかんだ物を口に入れ始めます。
ですからこの時期は、誤飲の危険のある物は片づけて、ガラガラや歯固めなども、壊れにくくて口に入っても大丈夫な物を与えましょう。（植松）

どうぶつ・おやこ

赤ちゃんをひざにだっこして
ユラユラ、カンガルー親子。
仰向けの姿勢でお腹にかかえて
ユラユラ、ラッコ親子。
腹ばい状態で背中にのせて
ユラユラ、カメ親子。
どうぶつ気分で楽しみましょう。

カンガルー親子が
ユーラユラ♪

タオルにくるんであげてもいいですね

波の上を
ドンブラコ！

カメさんがいくよ
ノッシノッシ

発達のPoint

この時期、腕のあげさげができるようになり、抱っこしてほしいとき手をのばして訴える行動を見せるようになります。だんだん泣き以外の意思表示ができるようになり、コミュニケーション方法にも幅が出てきます。

ふうせんキック

ひもをつけたふうせんを赤ちゃんがキック!
サンドバッグのようにパンチしてもいいですね。
ふうせん以外にも、お気に入りの人形や
音の出るおもちゃでもいいでしょう。
上手にできたら「すごいねー」と
声をかけてあげましょう。

発達のPoint

赤ちゃんはつかんだ物を何でも口に持っていきます。手や目より、口のほうが物の性質を研究しやすいのでしょうか? 赤ちゃんのおもちゃは、なめても危険でない物を選びましょう。

長いひもは赤ちゃんがいじって、からだに巻きつけてしまう危険があるので、赤ちゃん一人のときは手の届かないところにしまっておきましょう

ひこうきブンブン

発達のPoint

6ヵ月未満の赤ちゃんは首がしっかりしていないため、強くゆさぶられると、脊髄や脳に害を与えてしまうことがあります。「声をかけて、表情を見ながら、ゆっくり、やさしく」が赤ちゃんあそびの基本です。

赤ちゃんを持ちあげて
ひこうきあそびにトライしてみましょう。
月齢の低いうちはゆっくりと、
大きい子にはダイナミックに。
だんだん赤ちゃんも重くなってくるので、
パパにも活躍してもらいましょう。

A ひざと手で赤ちゃんを支え、左右にゆらします。表情を見ながら行ないましょう

B 腹ばい状態でお腹の下から手を入れます。持ちあげてゆっくりひこうきのように動かします

元気にあいさつ

朝おきたら「おはよう」
食事のときは「いただきます」
寝るときは「おやすみなさい」…
たくさん言葉をかけてあげましょう。
普段の生活の中で、自然にあいさつを
覚えていけるといいですね。

発達のPoint

赤ちゃんにはまだ表裏の認識がありません。大人が手のひらを見せてバイバイするので、自分に手のひらが見えるように裏表逆にバイバイします。さて、いつ違いに気がつくか…観察してみては?

Ⓐ「いただきます」ではじめ、「ごちそうさま」でおしまいに。食事にもメリハリをつけましょう

Ⓑ おでかけのときは、「バイバイ」とお見送り。上手にバイバイできるかな?

あんよつんつん

赤ちゃんをひざの上にのせて
脇を持って「つんつん」と屈伸運動。
最後は立ちあがって「たかいたかい」。
赤ちゃん自身の足の動きにあわせて
動かしてあげましょう。

1 脇を両手で持って支え、ひざを曲げ伸ばしするように上下に動かします

2 最後はゆっくり「たかいたかい」

発達のPoint

おすわりができるようになると同時に、立ちたいという意欲が生まれくる赤ちゃん。でも、まだかかとがしっかりしていないので、足をつくことはできません。持ちあげたとき、足をぴんとつっぱるときはまだ屈伸運動はやめましょう。

つなひきゲーム

赤ちゃんがハンカチをつかんだら、「つなひき、よいしょ!」と引っぱりあいっこしてみましょう。おもちゃなど、赤ちゃんのお気に入りで引っぱりあいしてみてもいいでしょう。

発達のPoint

今まではされるがままだったのに、赤ちゃんがつかんだ物を引くと、引っぱり返そうとするようになります。目的物をしっかり把握して「自分はこれが欲しいの!」と、つかみ取ろうとする力がついた証拠です。

1 引っぱったり、引っぱられたりします

2 最後は「とられた!」と赤ちゃんに持たせてあげましょう

ガラガラであそぼう

赤ちゃんは音出しあそびが大好きです。
ガラガラや鈴など音の出るおもちゃを
用意してあげましょう。
材質、大きさ、形など
赤ちゃんにとって安全かどうか
十分気をつけてください。

フィルムケースや小さなペットボトルに鈴や豆、ビーズなどを入れれば、手づくりガラガラのできあがり。ふたがあかないようテープでしっかりとめましょう

棒状の物はつかみにくいので、
リング状が最適

発達のPoint

ふると音が出る、放すと落ちる…赤ちゃんは、自分の行為でおこる変化を楽しむのが大好き。
何度も何度も飽きずに同じことをくり返してあそびます。

新聞紙あそびⅠ

新聞紙や折りこみチラシを使って
あそびを楽しみましょう。
丸めたり、グチャグチャにしたり…
あそび方はいろいろです。
赤ちゃんが紙を
口に入れないよう注意。

❶ 新聞紙を両手でクシュクシュ。感触を楽しんで

❷ 最後は丸めてボールにしてパパが投げて見せましょう

発達のPoint
まだ指を器用に使うことはできませんが、自分の意思で手を動かすことができるようになります。手のひらを使ってガッとつかんだり、たぐりよせたり、グチャグチャにしたり…。まずは大人がお手本を見せてあげましょう。

おいもさんゴロゴロ

寝返りもだんだんと上手になってくる時期、
赤ちゃんの動きにあわせて
一緒にゴロゴロ転がってみましょう。
「がんばれ!」「できたね!」と
大人が応援しながら寝返りすることで、
からだを動かす楽しみも広がります。

寝返りに苦戦してるときは、ちょっとサポート。
寝返りしようとしている方向から、人形などを
使って呼んであげましょう

発達のPoint

このころになれば、仰向け→うつぶせ、うつぶせ→仰向けと寝返りも上手になってきます。そのうち、うつぶせの姿勢から一人でおすわりもできるようになります。

おひざ大地震

赤ちゃんをひざにのせ、
手で脇をサポートします。
ひざをゆっくりゆらしたり、
赤ちゃんを床におろしたり…
声をかけながら楽しみましょう。
赤ちゃんの表情に注意して。

❶ 足をゆらして
グラグラさせます

❷ 足をパッと左右に
ひらいてゆっくり
床におろします

発達のPoint

おすわり初期の赤ちゃんは、後ろにひっくり返らないよう前かがみになってバランスをとろうと一生懸命。運動あそびをとおして腰の力をつけていきましょう。

赤ちゃんは音楽家

発達のPoint

赤ちゃんはリズムあそびが大好きです。3拍子で「チョンチョンチョン！　チョンチョンチョン！」などと音を出してあげると大興奮。大人のユニークなアドリブがポイントです。

ガラガラのように、ふる音あそびだけでなく
打楽器などでたたく音あそびにもチャレンジ。
たいこ、タンバリン、手づくり楽器…
いろいろな音であそびましょう。
CDなどの音楽にあわせて
みるのもいいですね。

プラスティックケースのふたに輪ゴムをつければギターのできあがり。
ミルク缶はたいこ代わりに

いないいないばぁⅡ

顔を隠して「いないいないばぁ」もいいですが、
アイデア次第であそび方はいろいろです。
さまざまなバリエーションで楽しみましょう。
赤ちゃんが一番喜ぶツボを探してみて。

A 手鏡を使って「いないいないばぁ」

B うちわの表裏に顔を描いて「いないいないばぁ」

発達のPoint

目の焦点をあわせることが上手になり、格段に物をとらえる力はついてきました。でも、まだ動きの速いものや、あまり遠くにあるものには反応できません。近くでゆっくりと、赤ちゃんにも認識できるスピードで見せてあげましょう。

C アイスクリームカップの底に顔を描いて「いないいないばぁ」

ハイハイ応援団

この時期、腹ばいにすると腕を前につっぱって
後ろへずることがあります。
これはハイハイの準備段階。
前からおもちゃで赤ちゃんを呼んで、
自分からすすもうとする動きを
サポートしてあげましょう。

❶ 後ろから両手で足の裏をサポート

❷ 赤ちゃんの足の動きにあわせて前へすすませます

発達のPoint

今まで人に頼ってしか移動することができなかったのに、ハイハイで前へすすめる…赤ちゃんにとっては大きな喜びですね。自分で思うところへ行けるようになると、赤ちゃんの好奇心も全開です。

Enjoy おんも

バギーでお散歩もいいけれど、
天気のいい日にはシートを広げて
ピクニック気分を満喫したいですね。
ハイハイを楽しむもよし。
葉っぱをちぎってみるのもよし。
芝生におすわりして草の感触を楽しむのもよし。
土や緑のかおりを赤ちゃんと一緒に感じましょう。

発達のPoint

春や夏など紫外線の強い時期は、木陰を選んで赤ちゃんにも帽子を。バギーにのっているとき、赤ちゃんは大人より地面に近いので、アスファルトの照り返しやスーパーの冷蔵ケースの冷気には気をつけてあげたいですね。

落っことしゲーム

やわらかいもの、かたいもの、
はずむもの、音が出るもの…
いろいろなものを落として
その様子を見て楽しみましょう。
赤ちゃんがまねして落としたら
拾ってあげましょう。

1 ママがポイッ、赤ちゃんもまねしてポイッ

2 落としたものを「はい、どうぞ」

発達のPoint

以前は、つかむとギュッとにぎってなかなか放せなかったのが、このころになると自分で意識して手をパッとひらき、放すという感覚がわかってくるようになります。

手をたたこう!

おすわりができるようになると
両手を使うことができるようになります。
手が使えると、あそびの幅も広がりますね。
まずはママが歌をうたいながら
拍子にあわせてパチパチ拍手。
あらら、赤ちゃんもパチパチ…。

発達のPoint

両手が使えるようになると「持ちかえあそび」がはじまります。手にとったブロックやおもちゃを、右手から左手へ、左手から右手へ…持ちかえてあそびます。持ちやすい大きさの物を用意しましょう。

パチ
パチ!
パチ

幸せなら手をたたこう

アメリカ民謡

し あわ せな らて を た たこう (拍手) し あわ せな らて を た たこう (拍手)
し あわ せな らた い ど でし めそ うよ そ らみ んな でて を た たこう (拍手)

Column

赤ちゃんと音楽

音楽は人を楽しくさせたり、悲しくさせたり、なにかを思い出させたり…私たちの感情をゆさぶります。では、赤ちゃんは周囲の音をどのように聞いているのでしょうか？　赤ちゃんとの生活の中に心地よい音があふれていれば、毎日がもっと楽しくなりますね。

赤ちゃんは単純なリズムが好き

赤ちゃんは2拍子や3拍子など単純なリズムが大好きです。手を打ちあわせたり、ガラガラを使って、ゆっくりだけどリズミカルな音をつくってみましょう。お決まりのフレーズで「○○ちゃん！　チョチョンのチョン！」と頬をつついて、毎日の挨拶がわりにしても。

パパとママの声でうたおう

「ぞうさん」「おもちゃのチャチャチャ」「アイアイ」「森のくまさん」…テンポがゆっくりで、リズミカルな歌は赤ちゃんにも大人気。ビデオやCDもいいけれど、まずはパパとママの声でうたってあげることが大切です。

赤ちゃんになにを聞かせる？

クラシック、ジャズ、ヒットソング…赤ちゃんにどんな音楽を聞かせるのがよいでしょう？　赤ちゃんはママやパパの興味のあるものを吸収しながら育っていきますから、パパ・ママの好きなジャンルでいいのです。でも、まだ周囲の環境への適応期にある赤ちゃんにあまり騒々しい音楽はおすすめできません。テレビも赤ちゃんには情報量が多すぎるので、一日中つけっぱなしにするのではなく、時間を決めて見るといいでしょう。

STEP 4

つかまり立ちのころ

8 → 10カ月

ハイハイで、つかまり立ちで、目標にむかって一直線。
赤ちゃんの進化のスピードは目を見はるばかりです。
からだを動かす喜びを一緒に味わいたいですね。

STEP 4

つかまり立ちのころのカラダ

8→10ヵ月

●もっともっと上へ〈つかまり立ち〉

おすわりからハイハイ、腰から足へと力がついてくると、今度は何かの機会に両手を使って物につかまり、立ち上がることがあります。これが「つかまり立ち」です。
ひとたび立ち上がることを覚えると、おすわりのときと同じように、あるいはそれ以上に視野が広がるので、その世界に魅了されてしまいます。ダンボール箱でも椅子でも机でも支えにして立ち上がります。見ていてもハラハラするくらいで、ときにはテーブルクロスを引っぱり、上の物がこぼれてやけど、などという事故が起こるので目が離せません。これが生後8ヵ月ごろからです。

●大人と同じ空間で…〈つたい歩き〉

つかまり立ちに自信が出ると、片手でもからだを支えられるので位置を移動しはじめます。これが「つたい歩き」です。
もう私たち大人と同じ空間で生活が始まるわけです。今まで見えなかった物が見えたり、届かなかった物まで手にできるので、床をはっていたころに比べると、知能も一段と発達します。しかし、たくさんの危険が待ち伏せしていることに注意しましょう。
このころになると、自分の意思で十分移動できます。指もうまく使え、お母さんやお父さんのいうこともある程度理解でき、大人が食べている物の一部も食べられるようになり、生活リズムもつくられていきます。抱っこして外に出れば、いろいろな物に興味を示すというように、赤ちゃんの能力がいっせいに花開く時期です。
それだからこそ、ときには離乳食を食べない、ミルクばかり飲むというようなことが起こったりします。生活がおもしろくて猛勉強中なので、食べることを忘れてしまうのかもしれませんね。

（巷野）

STEP 4

つかまり立ちのころのココロ

8→10カ月

お母さんじゃないと不安

自分で移動ができるようになってきたころ、人見知りが強くなってきます。知らない人の顔をジッと見つめていたと思ったら、突然泣き出して、お母さんや周りの人をビックリさせることがあります。これは人の顔がはっきり見えるようになって、安心できる人とそうでない人を区別できるようになったから。赤ちゃんがしっかり成長してきた証拠です。赤ちゃんが怖がっているときには、しっかり抱きしめ安心させてあげましょう。
また、後追いもはじまります。情緒の発達もいちじるしく、声の調子でお母さんが怒ったのか、禁止したのかどうかなどもわかるようになります。そのため、お母さんの行動をジッと見ていて、どこかに行きそうだとわかると、連れていってもらうことを期待します。大人が「行こう」という合図の言葉かけをすると、赤ちゃんは出かけることを心の中にイメージできるようになります。赤ちゃんは大好きなお母さんと一緒にいることが何よりも安心することなので、お母さんが一人で行ってしまうと必死で後を追っていきます。

赤ちゃんは意欲いっぱい

おむつを換えるのを嫌がったり、両腕を上げて「抱っこして」と訴えたり…赤ちゃん自身がはっきりと意思表示をするようになります。これは、自我が芽ばえてきたからです。また、ほめられることがわかり、「じょうず!」といわれるとうれしくて何度も同じことをくり返します。
好奇心も旺盛になりますので、近くにあるおもちゃを取ろうとしたり、周りの人をよく観察していてまねをしはじめます。「いないいないばぁ」を楽しんだり、小さな物をつまんだり、ボールを転がして追いかけたり、鏡に映った自分の姿で遊んだり、物の出し入れをしたり、とにかくあそぶことが大好きです。

（植松）

ハイハイ鬼ごっこ

ハイハイができるようになったら
鬼ごっこを楽しみましょう。
大人もハイハイで「まてまて!」と
赤ちゃんを追いかけます。
大人がおもちゃを引っぱりながら逃げて、
赤ちゃんが追いかけるのもGOOD。

A 大人が赤ちゃんを追いかけます。
パパだよ〜！と追いかけても

発達のPoint

お腹をつけたままは“ずりばい”。
手とひざをついた“よつばい”。
足と手だけしかつかない“高ばい”。
ハイハイも進化していきますが、
スタイルは赤ちゃんそれぞれ。
どんなハイハイを見せてくれる
か楽しみですね。

B ボールを投げてどちらが先に取れるか
ハイハイで競争するのもいいですね

赤ちゃんBOX

空になったミルク缶やティッシュ箱に
ハンカチやビニールボール、ブロック、スポンジ…
お気に入りのおもちゃをつめて、
赤ちゃんにプレゼント!
なにが入っているのかな?
引っぱり出して楽しめます。

ミルク缶が入る袋をつくって口にゴムをとおします

かたい、やわらかい、ツルツル…いろいろな感触の物を入れてみましょう

発達のPoint

赤ちゃんは一人あそびが大好き。お気に入りのおもちゃを見つけると一人でもくもくとあそびます。大人とのあそびも大切ですが、いろいろなことを赤ちゃんなりに探究する時間も大切です。一人あそびに熱中しているときは、あまりかまわないであげましょう。

赤ちゃんの山のぼり

ふとんをたたんだ上に
もう一枚ふとんをかけて
小さな山をつくります。
ハイハイでよじのぼったり、
おりたりしてあそびましょう。
転がり落ちないよう注意。

A パパが山になってみましょう。
ちょっとゆらしてみてもいいですね

B 反対側から「ここまでおいで」と
応援してあげましょう

発達のPoint

最近はハイハイをせず、いきなりつかまり立ちする子も多いようです。でも、長い人生の中で4足歩行するのはこの時期だけ。ハイハイすることで、2足歩行では使わない筋肉も鍛えられます。部屋の中の障害物は片づけて、たくさんハイハイさせてあげたいですね。

プレゼントゲーム

お気に入りのおもちゃや
興味を引くおもちゃを用意して、
赤ちゃんに「はい、どうぞ」とあげたり、
「くださいな」ともらったり…
“あげもらいあそび”に
挑戦してみましょう。

1 まずは赤ちゃんにプレゼント

2 次に赤ちゃんからもらいます

3 上手に渡すことが
できたら「ありがとう!」

発達のPoint

言葉よりも動作のほうが赤ちゃんにはわかりやすいもの。できるだけ単純な言葉で、ゆっくりオーバーなくらいの動きをつけてあげると、赤ちゃんにもわかりやすいでしょう。

パパ、あそぼⅠ

赤ちゃんもだんだん重くなってきて
ママ一人では大変ですね。
パパにもあそびにどんどん
参加してもらいましょう。
パパが加わると
あそびの幅が広がります。

A 肩ぐるまで部屋を一周。脇を持って落ちないようにサポートしてあげましょう

B 両脇を持ってぐるぐる回転。慣れてきたら大きく回してあげると喜びます

発達のPoint

ゆさぶられっ子症候群を知ってますか？赤ちゃんはからだのつくりが未熟なため、強くゆさぶられると、脳や視力に障害をおこすことがあります。できるだけやさしく、ていねいに扱ってあげましょう。

むすんで ひらいて

「むすんでひらいて」をフリつきでうたいましょう。
「その手を上に♪」のところは
「その手をひざに♪」「その手をおめめに♪」など
替え歌で楽しみましょう。
からだの部位の名前も覚えられます。
テンポをゆっくりしたり、速くしてみて!

1
むすんで
2
ひらいて
またひらいて
3
手をうって
4
その手を
うえに

むすんで ひらいて

作曲　ルソー

む すー ん で ひ ら いー て て をー うっ て むー すん で
ま た ひ ら い て て を うっ て そ のー て を う え に

おんぶでJump!

だっこもいいけれど、
たまにはおんぶであそびましょう。
赤ちゃんを背中にのせて
ユラユラゆらしたり、ジャンプしたり…。
赤ちゃんの様子を見ながら
落ちないよう注意して行ないましょう。

A つかまる力が弱いころは、前傾姿勢でおんぶしてゆっくり左右にゆらします

B しっかりつかまることができるようなら、上下に軽くジャンプしてみましょう

発達のPoint

おんぶしながら家事…なんて習慣がなくなったからでしょうか。おんぶしても背中につかまることができない子が増えているようです。大人の背中のぬくもりを感じるのもすてきな体験。おんぶもあそびの中に取り入れてみては?

お着替えも楽しく

お着替えタイムもおあそびタイムに。
くすぐりやマッサージを取り入れれば
親子のすてきなスキンシップになります。
仕事で忙しいパパにもおすすめ。

❶「お着替えしようね」と服を脱がせます

❷「クチュクチュするぞ～」と脇やお腹をコチョコチョ

❸最後はクールダウン。腕から足までやさしくマッサージ

❹洋服を着せて、はいおしまい！

発達のPoint

赤ちゃんにとって、急に目の前が服でまっ暗になったり、腕を引っぱられるのは、大人以上に怖いもの。「おてて出るかな」「服脱ぐよ、よいしょ！」などと声をかけてあげましょう。

トンネルをぬけて…

発達のPoint
動きまわれるようになると、落ちている物をなんでも口に運ぶようになります。トイレットペーパーの芯をつかって、大きさをチェックしましょう。芯よりも小さなものは飲み込んでしまう危険があるので片づけて!

大人がよつばいでトンネルになり、
赤ちゃんがその下をハイハイでくぐります。
赤ちゃんは無事にトンネルを
くぐりぬけられるかな?
「とおりゃんせ」をうたいながら
ゲーム感覚であそびましょう。

❶ 反対側から赤ちゃんを呼びましょう

❷ くぐっている途中で、「どすーん!」とのっかるフリをしてもいいですね

はじめての鏡

鏡をのぞき込んだり、さわったり、なめたり…
赤ちゃんは鏡が大好き。
鏡を使ってあそびましょう。
大きな姿見は、赤ちゃんが
さわっても倒れないよう
固定しておきます。

A 鏡にむかって手をふったり、だっこで近づいたり遠ざかったりしてみましょう

B 鏡に布をかぶせ、パッと布をめくって「いないいないばー」

発達のPoint

最初、赤ちゃんは鏡に映る姿を自分だとは認識していません。だっこしてくれているママが、なぜむこう側にもいるのか…不思議そうにながめています。自分の姿が映っているのだと気づくのは1歳半くらいだといわれています。

いないいないばぁⅢ

「いないいないばぁ」を見る側だった赤ちゃんも
手で自分の顔を隠したり、
カーテンの陰に隠れて「バァ」という
アクションができるようになります。
からだを使った「いないいないばぁ」を
楽しみましょう。

A パパがだっこで後ろに転がって反動をつけておきあがり、むかいに座ったママが「バァ!」

B 大人がタオルをかぶり「どこかな?」赤ちゃんが引っぱって「バァ!」

発達のPoint

以前は、突然顔が消えたり、現れたりするように見えていた"いないいないばぁ"ですが、「タオルの下にはママがいる」ということがわかるようになってきます。記憶力が育ってきた証拠ですね。

Shall we dance?

つかまり立ちができるようになったら、
赤ちゃんの手を持って
一緒にダンスにチャレンジしてみましょう。
音楽はヒットソング、童謡、演歌…なんでもOK!
音楽にあわせてユラユラからだを
ゆらしてあそびましょう。

発達のPoint

赤ちゃんが音楽のリズムにのれるようになるには、まず大人と一緒に音にあわせてからだを動かすことが大切。その体験をとおして、音やリズム、からだを動かすことを覚えていきます。

輪になってまわろう

フィンランド民謡

て と て を つない で わ に なっ て まわ ろう
て と て が ギュッ ギュッ ギュッ あ し お と トン トン トン

ページめくりゲーム

いらない電話帳、マンガ雑誌を使って、
ページめくりにチャレンジ。
赤ちゃんが指を使ってめくれるか
観察してみましょう。
最後はビリビリやぶりを
楽しむのもいいですね。

1 まずは大人がお手本を見せてあげましょう　かたい紙だと手を切る心配があるので気をつけて

2 次に赤ちゃんがトライ。上手にできるかな？

発達のPoint

物をつかむとき、手のひら全体で「わしづかみ」していたのが、だんだん指を上手に使えるようになり、親指と人さし指で「つまむ」ことができるようになります。赤ちゃんがどのように物をつかんでいるか観察してみましょう。

Enjoy バスタイム

きれいにからだを洗ったあとは、
おふろの中で赤ちゃんとあそびましょう。
水しぶきをあげたり、
じょうろをシャワーにして楽しんだり…
あそび方はいろいろです。
夢中になって長湯しすぎないように。

Ⓐ 水面を手のひらで大きくたたいたり、指で小さくトントンと水しぶきをおこしてみましょう

Ⓑ 蛇口から水をすこし出して、さわらせてあげましょう

Ⓒ 空気を包むようにタオルを沈めて、ブクブクと泡を出してみましょう

発達のPoint

このころになると、おふろのフチにつかまって立とうとします。目を離さないことはもちろんですが、石けんですべったりしないよう、すべりどめのマットを敷いておくといいですね。

ぱたぱたペンギン

赤ちゃんの足を大人の足にのせ、
手をつないで「1・2・1・2!」。
ペンギンのおやこのように
ぱたぱた一緒に歩いてみましょう。
まだうまく歩けないので
ゆっくりやってあげましょう。

1 両手を持って、赤ちゃんの足を大人の足にのせます

2 手をつないだまま一緒に歩いてみましょう

発達のPoint

つかまり立ちができるようになると、赤ちゃんの行動範囲もグッと広がります。昨日まで手が届かなかったところも今日は届く…ということもしばしば。ポットや刃物、割れ物など、赤ちゃんにとって危険な物は絶対手の届かないところに置きましょう。

カンカンゲーム

赤ちゃんが両手に持った物を
打ちあわせることができるようになるころ。
つみきやおもちゃを打ちあわせて
いろいろな音を奏でてみましょう。
赤ちゃんがうまくできたら
「上手ね!」とほめてあげて。

1 まずは大人がお手本でカンカン

2 赤ちゃんもまねして挑戦

発達のPoint

両手に持った物を打ちあわせるというのは、簡単そうに思えますが、じつは赤ちゃんにとっては高等技術。最初は、右手と左手がうまくあわせられずに、すれ違ってしまいます。何度もトライするうちに、徐々に右と左をよく見て打ちあわせることができるようになるのです。

Column

赤ちゃんと絵本

おもちゃだけでなく、絵本もあそびを彩るすてきな道具。絵本を真ん中に置いて、赤ちゃんといろんなおしゃべりをしてみましょう。ひざの上やおふとんの中で聞くお話は、きっとパパやママのぬくもりと一緒に忘れられない記憶になります。

●小さな赤ちゃんには単純な絵本を

最初は、本を閉じたり開いたり…おもちゃの一つとしてあそんでいた赤ちゃんが、中に描かれている絵に興味を持ちはじめるのは、生後8、9ヵ月くらいから。最初は、はっきりとした色あいで、りんごが1個、うさぎが1匹など単純な絵を好みます。

●絵本をとおしておしゃべり

ただ絵をながめるだけでなく、りんごを見て「あら、おいしそうなりんごね。食べちゃおうか？　パク・パク・パク！」と、しぐさや言葉を入れてみましょう。赤ちゃんと絵本の出会いは、絵本をとおしてパパやママがあそんでくれる…から始まります。

●パパ、ママの読んであげたいお話を

ストーリーを理解できるようになるのは2歳すぎてからですが、楽しい、悲しいという感情がわかりやすく描かれているお話を、大人に抑揚をつけて読んでもらうのはうれしいものです。最初から最後まできちんと読まなくても、ページを戻ったり、話をアレンジしたり…パパとママの感性でお話の世界を広げてみてください。

STEP 5

あんよのころ

1歳前後

あそびは赤ちゃんの持つさまざまな芽を伸ばしてくれます。
からだの成長、手指の発達、物の認識、言葉のレパートリー…
あそびが赤ちゃんにとって
この上なく楽しいものでありますように。

STEP 5

あんよのころのカラダ

1歳前後

●2本足で立ったよ！〈一人立ち〉

つたい歩きがかなり自由になるころには、足にも力がつき、よく見ると足の指を微妙に動かして、からだのバランスをとろうとしています。そして、これがうまくできたとき、つかまっていた手が離れて一人で立っていることがあります。本人も「オヤッ」という様子で真剣です。これが「一人立ち」です。
発達が頭のほうからだんだんと下のほうへと進み、全身に及んだ瞬間です。
一人立ちが始まると間もなく、からだが少し傾いた瞬間に、その側の足が一歩前に出ます。しかし、そう簡単に歩けるものではありません。お尻をついたり、大人によりかかったりします。しかし、うまくできなくても、ひとたびその経験をすると、赤ちゃんはまた自分から立ち上がって足を出してみようとします。

●赤ちゃんをやる気にさせるのは？

赤ちゃんがお尻をついても、お母さんは「歩いた歩いた」と手をたたいて喜びます。赤ちゃんは2歩しか歩かなかったときでも、お母さんは「2歩も歩いた」と前向きに喜んでくれるので、赤ちゃんはまたニコニコしながら立ち上がって歩いてみせます。お母さんの笑顔と心からの喜びが、赤ちゃんに「また歩いてみよう」という気持ちを起こさせます。そうやって赤ちゃんの歩きは上手になっていくのです。
よちよちでも歩けるようになれば、後はどんどん歩き方が上手になっていきます。そして急速に赤ちゃんは自分の世界を広げていきます。
歩くと同時に、あいた手をフル活動させてやりたい放題ですから、けがや誤飲などの事故が多くなっていきます。大人が目を離さないことが大切です。
（巷野）

STEP 5

あんよのココロ

1歳前後

●大人へのあこがれ

だんだん行動範囲が広がり、赤ちゃんから幼児へと、からだつきもどんどん変化してきます。大人のすることをまねるのが大好きで、お母さんが何か書いていると、そばで見ていて鉛筆などを自分で持ちたがり、書こうとします。鉛筆、ボールペン、クレヨン、サインペン、画用紙、広告の裏紙、大きなカレンダーの紙…いろいろな素材の物を与えてみましょう。書くことは知的関心を高めたり、目で見てスムーズに手を動かす練習にもなります。
4～6個ぐらいの言葉が出て、物や人の名前もわかるようになります。少しずつ大人がいうことを理解できるようになるので、やっていいこと・悪いことの区別を伝えていくことが大事です。

●「自分でしたい」のはじまり

嫌なときには、頭を横にふったり「イヤイヤ」というようになり、自己主張がだんだん強くなっていきます。自分で食べ物を持って食べようとします。
自己主張は、赤ちゃんから幼児へと変化していく架け橋のようなものです。しかし、「もう赤ちゃんじゃないから自分でやる」と主張しているかと思うと、「赤ちゃんだからやって！」と甘えてきます。こんなことをくり返し行ないながら、徐々に幼児の世界に入っていくのです。
この時期、大人はどんなつきあい方をしたらいいのでしょうか？　大事なことは、大人が一致した制限を決めているかどうかです。そして決めたら守ることです。それを伝えるときには、わかりやすく簡単に、特に命に危険が及ぶこと、人に迷惑をかけることは、キッパリととめることです。
しかし、子どもの冒険心をすべてとめるのではなく、ときには危ないことをしても見守る勇気を大人が持つことが必要です。

（植松）

かくれんぼゲーム

まずはママが隠れて「ママどこかな?」
見つけやすいところに隠れてあげましょう。
ママの様子を見ていて覚えると
今度は自分も隠れようとします。
「○○ちゃんどこだ?　いないぞー」と
ユーモアたっぷりに探してあげて。

A カーテンの陰に隠れて
「ママどこだ?」

B 「バイバイ」と引き戸を使って
隠れてみましょう

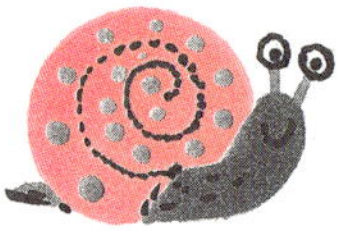

発達のPoint

赤ちゃんは、見えていた物が見えなくなることにすごく興味があります。引き出しをいたずらするなどの探索行動は、赤ちゃんなりに見える物・見えない物について問題解決を試みているのかもしれません。

いいもの探しに出かけよう

お散歩の途中には、赤ちゃんの興味を引くものがいっぱい。
手を持ってゆっくり歩きながら
「あっ、アリさんいたよ」「ブーブーね」
「電車が来たよー」「これなんだろね?」…
たくさん"いいもの"を探してみましょう。

ブーブーだよ
ワンワンだよ
アリさんだね
ア!

発達のPoint

生後10ヵ月ごろから、赤ちゃんがしきりとなにかを指さして訴えるように視線をむけてきたことはありませんか? 自分で発見したおもしろいことを大人と共有したいのかもしれません。赤ちゃんが指さしたことに応えてあげましょう。

ボールであそぼう

あっちへコロコロ、こっちへコロコロ…
赤ちゃんはボールの動きを追うのが大好き。
はずませたり、転がしたり、
投げたりしてあそびましょう。
選ぶボールによってあそび方もいろいろ。
まずは大人がお手本を見せてあげて。

A ピンポン玉は赤ちゃんの小さな手にもジャストフィット。床ではずませればすてきな音がなります

B ビニールボールはぶつかってもいたくありません。キャッチボールしたり、頭の上から投げてみましょう

C スポンジボールはつぶしたりしたり、ふわふわの感触を楽しめます。おふろでのおもちゃとしてもGOOD!

発達のPoint

赤ちゃんは物を落としてその様子をながめるのが大好き。手を離すと落ちる…大人にとっては当たり前でも、赤ちゃんにとっては不思議なのです。何度もくり返しながら、万有引力の法則を確かめているのかも。

宝探しゲーム

お気に入りのおもちゃを使って
宝探しゲームにチャレンジ。
座布団の下に隠して
「どこかな?」と選ばせてみましょう。
赤ちゃんが見つけられたら
「すごいね」とほめてあげて。

❶ 小さな座布団を2、3枚用意して
その下におもちゃを隠します

❷ さて、赤ちゃんはおもちゃを
見つけられるかな?

発達のPoint

小さな赤ちゃんはおもちゃを隠すと「消えてしまった」と思い、興味を失います。ところが、このころになると記憶力や関連づけて考える力がついてきて、おもちゃが見えなくなる→座布団がふくらんでいる→おもちゃが隠れている、ということに気がつくようになります。

まねっこ どうぶつ

犬のまねして「ワンワン」
ネコのふりして「ニャーニャー」
ブタになったつもりで「ブーブー」
鳴きまねごっこであそびましょう。
絵本を見ながら「ワンワンね」と
話しかけてもよいでしょう。

A 動作と一緒にどうぶつになりきってみましょう

B 絵本や写真をみながらどうぶつの鳴き声をしてみましょう

発達のPoint

まだきちんとした言葉はしゃべれませんが、だんだんと簡単な音ならまねして発音できるようになってきます。また、物と名前を結びつけられるようになってきます。赤ちゃんが犬を見て指でさし、「ワンワン」といったら「そうねワンワンね」と応じてあげましょう。

ロンドン橋

パパとママが手をつないで橋をつくります。
「ロンドン橋」の歌にのせて
その下をあんよでくぐります。
歌のラストで手をおろして
赤ちゃんをつかまえましょう。
きょうだいがいれば、みんなで楽しめます。

発達のPoint

あんよ初心者は、がに股で足を広げ、両手をあげてバランスをとりながら歩きます。大人と比べて頭が重いので、後ろにひっくりかえらないよう前傾姿勢です。何度か転ぶことをくり返すうちに、バランスのとり方も転び方も上手になっていきます。

ロンドン橋

イギリス民謡

ロン ドン ばし が お ち る お ち る お ち る
ロン ドン ばし が お ち る さあ どう しま しょう

いっぱい×からっぽ

タオルやぬいぐるみをいっぱい入れた
洗濯カゴの中に赤ちゃんを入れます。
一緒にカゴの中の物を出しましょう。
カゴの中がなにもなくなったら
今度は赤ちゃんを外に出して、
出した物を入れましょう。

1 洗濯カゴに赤ちゃんを入れて、中の物を外にポイポイ

2 空っぽになったら赤ちゃんを外に出し、今度はカゴの中にポイポイ

発達のPoint

赤ちゃんは戸棚やカバンなどから物を引っぱり出すことが大好きです。このころになれば「物が入ってる」と「空っぽ」という概念がわかってきます。今度はただ出すだけでなく、出す→なくなる→入れる、というあそびも楽しんでみましょう。

パパ、あそぼⅡ

赤ちゃんのからだもだいぶしっかりしてきました。
ゆっくりした動きよりも、ちょっとスリルのある
大きな動きを喜ぶようになります。
昼はパパとあそんで、
からだを思いきり動かして
夜はぐっすり眠りたいですね。

A 脇をしっかり持って「たかいぞ!」と上に持ちあげたり、「落っこちた!」と下におろしたりしてみましょう。怖がるときはゆっくりと

B だっこで首と腰を支え「1･2･3!」で後ろに倒します。落ちないようにしっかりサポートしましょう

発達のPoint

あそんでもらうことが大好きで、何度も飽きずに同じことをくり返したがります。大変なときは別のあそびにさそったり、「今日はこれでおしまい」と話してみて。

おふねにのって…

赤ちゃんとむかいあって座り、
両手をつないで交互に引っぱったり、戻したり。
ふねを漕ぐようにして「ぎーこん、ばったん！」
リズムよく引っぱりっこしましょう。
赤ちゃんの関節はまだ弱いので
あまり強く引っぱりすぎないように。

1

おふねは行くよ！
○○ちゃんをのせて

2

ぎーこん！

3

ばったん！

発達のPoint

関節が未熟な赤ちゃんは、急に引っぱられると不意の動きにからだがついていけず脱臼してしまうことがあります。小さくても大人が声をかけながら動けば、赤ちゃんのからだはその動きに応じようとします。声をかける、アイコンタクト…あそびの基本ですね。

つみ箱くずし

ティッシュ、食品などのあき箱、
ダンボールなどをカラフルに色づけして、
つみ箱をつくりましょう。
箱なので赤ちゃんが投げつけても大丈夫。
大人がつんで、赤ちゃんがくずす、つんで、くずす…
つみくずしあそびで楽しめます。

あき箱に折り紙やキャラクターの切り抜きをはって、カラフルなつみ箱をつくりましょう

発達のPoint

1歳前後の赤ちゃんが、自分でつみ木をつむのは難しいですが、もう少しするとつむ作業も上手になるので、どこまで高くつめるか挑戦してみるのもいいですね。

大好き 水あそび

暑い季節は、ビニールプールを広げて
水あそびを楽しみましょう。
水の中をユラユラゆらしてあげたり、
ケチャップの空き容器に小さく穴を開けて
水鉄砲がわりにしてもOK。
牛乳パックでシャワーをつくっても喜びます。

発達のPoint

赤ちゃんは浅くてもおぼれる危険があるので、水の深さはおすわりしたときに腰より下に。目は離さないように。真水だと冷たすぎるので、お湯をたしてぬるくしてあげましょう。夏の日ざしは強烈なので帽子をかぶる、木陰であそぶなどの日焼け対策を。1歳前は長くても30分くらいで切りあげたほうがよいですね。

A 牛乳パックを2つに切って小さな穴をたくさんあけます。トッテをつければシャワーに変身!

C 赤ちゃんの脇を持ってユラユラゆらしてあげましょう。手足を持って水面をバチャバチャたたいても

B 花や葉っぱを水に浮かべてグルグルかき混ぜます。ゆれる様子を楽しみましょう

赤ちゃんパズル

1歳をすぎるころの赤ちゃんに
おすすめのおもちゃが「簡単パズル」。
パズルのそれぞれの穴に
どうすれば、物を入れられるか
赤ちゃんも知恵をしぼって考えます。
家の中にある物でつくってみましょう。

A 牛乳パックに穴をいくつかあけます。ストローを5cmくらいの長さに切って、ストロー入れにチャレンジ

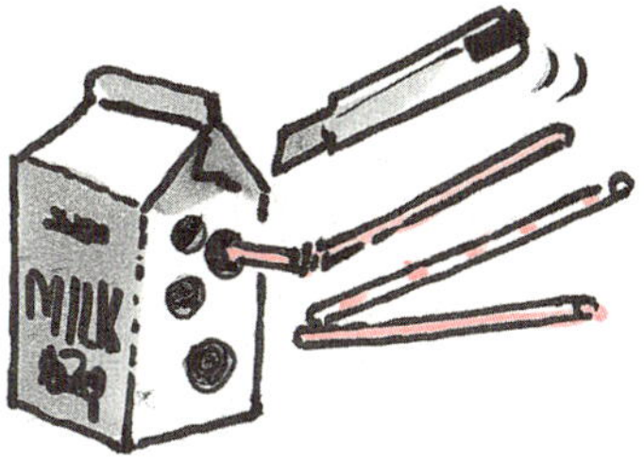

B ダンボールに丸や三角、四角の穴をつくります。ボールやおもちゃを入れてあそびましょう

発達のPoint

1歳前後では、まだ物の大きさや形についての理解力は未熟です。でも関心は強いので、一生懸命組みあわせたり、重ねたりしようとします。パズルやつみ木などでくり返しあそぶ経験をとおして、2歳ぐらいには少しずつ理解できるようになっていきます。

おでこ ごっつんこ

歌をうたいながら、リズムにあわせて
お顔とお顔でスキンシップ。
おでこや鼻を「こつん!」とあわせます。
最後はお互いのほほをちょんちょんと
指でさわってみましょう。
歌やリズムはママのオリジナルでOK。

1

2

3

発達のPoint

物と名前が結びつけられるようになりますが、最初は犬も猫も「ワンワン」だったりします。何度も名前を聞く中で、犬は「ワンワン」、猫は「ニャンニャン」と自然にわかってくるので心配はいりません。

公園であそぼう

赤ちゃんはとにかく外が大好き。
ブランコやすべり台など公園の遊具は
家の中では味わえません。
赤ちゃん一人であそぶのはまだ無理なので、
大人がサポートしながらあそんであげましょう。
休日にはパパも一緒に！

A ひざの上にだっこして、ブランコでユラユラ。パパの大きなからだでサポートしてあげれば赤ちゃんも安心です

B すべり台にも挑戦。手で横からサポートしながらすべらせてあげるか、一緒にすべるようにしましょう

発達のPoint

車やバギーなど便利なものができたからでしょうか。長く歩くのが嫌いで、すぐ「だっこ」という子が増えてきたように感じます。体力づくりの最初の一歩は歩くことから。手をつないであちこち寄り道しながら、公園までゆっくりお散歩するのもいいものです。

大きな栗の木の下で

大人の動きをまねっこするのが大好きな時期。
音と動きを組みあわせたあそび歌やダンスを
赤ちゃんと一緒に楽しみましょう。

1
おおきな栗の♪
2
♪木の
下
で♪
3
あなたと
4
わたし
5
なかよくあそびましょ

大きな栗の木の下で

イギリス民謡

おお きなくりの きのしたで あ なーた と わ た し
な か よ く あ そ び ましょう おお きなくりの きのしたで

ショッピングごっこ

小さなバッグを用意して
お買い物ごっこをしてみましょう。
「お買い物ですか？　いってらっしゃい」
と声をかけてあげます。
バッグに「リンゴが1コ、ミカンが1コ」と
物を出したり入れたりしても。

1 バッグを用意して
お買い物ごっこ

2 部屋の中を探検してい
ろいろ取ってきます

3 買ってきた物を見せても
らいましょう

発達のPoint

人形を赤ちゃんに見立ててお世話したり、電話をかけるまねをしたり…ごっこあそびの初歩がはじまります。本物志向で大人が使っている物に関心が強いので、生活まわりの物を使いながらごっこあそびを楽しんでみましょう。

Column

赤ちゃんと赤ちゃん

赤ちゃんのまわりには誰がいますか？　パパ、ママ、おじいちゃん、おばあちゃん、お医者さん…大人がほとんどでしょうか？　赤ちゃんの好奇心を刺激する存在として大切なのが、きょうだいやお友達の赤ちゃんなど〝小さい仲間たち〟です。

●赤ちゃんは赤ちゃんが大好き

互いにジッと見つめあったり、微笑みあったり、赤ちゃんの写真に強い関心を示したり、手をのばしてさわろうとしたり…赤ちゃんは赤ちゃんが大好きです。大人より自分に近い存在、おもしろい動きをするおもちゃのような存在だからでしょうか？

●かかわりの中で生まれること

大人と赤ちゃんは「してもらう・してあげる」関係ですが、赤ちゃん同士だとお互いに遠慮ないので、大人とは違った新しいかかわりがあります。泣いたり、泣かされたり、笑いあったり、争ったり…そんな中で人との関係や距離感、力の加減を学んでいくのです。

●大人はどうかかわればいい？

公園や児童館は、他の赤ちゃんと出会えるすてきな場所です。
ところが大人は「なかよくあそばせたい」と思っているのに、赤ちゃん同士だと、すぐ物の取りあいがはじまります。自分の子が誰かを泣かせたり、泣かされたりすると心穏やかではいられません。
でも、なんでも大人が介入するのではなく、できれば危険の及ばない範囲で赤ちゃん同士のやりとりを見守っていてあげられるといいですね。

STEP 6

てくてくのころ

1歳半前後

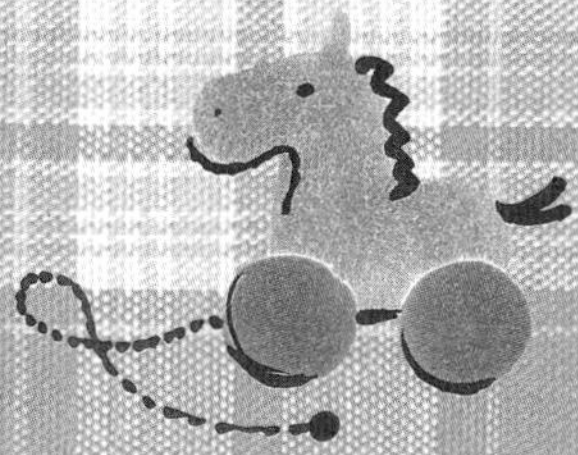

今までママのいうことを素直にきいていたのに…
「自分で」「イヤ」が出てきます。
今までママのひざを離れられなかったのに…
すてきなあそびを見つけると
一人でも夢中になってあそびます。
赤ちゃん卒業もそろそろかな?

STEP 6

てくてくのころのカラダ

1歳半前後

自由自在に動けるということ

歩けるようになればしめたものです。位置の移動は自由自在なので、赤ちゃんはからだを動かすのが楽しくて仕方がないといった様子です。食事も指を上手に使って、食べたいように食べます。食べ物のつかみ食べという基本的な食べ方もできるようになるので本人は満足です。
今までを振りかえってみると、つい1年前の赤ちゃんは、まだまだ大人の手の中だったのに、発達の原則どおりに首がすわり、おすわりをして、今では2本足で立ち上がって歩いています。それは、大人が赤ちゃんの発達に一時も休みなく、応援をしてきたからこそです。

これまでの成長を力に…

いうことを聞かない、ジッとしていない、食べない、寝てくれない…と子育ては心配だらけだと思います。これからも、今までと違った、幼児ならではの心配が待ち受けていることでしょう。
そんなとき、赤ちゃんのころを思い出してみてください。
いろいろなことがあったけれど、そういうときも、なんとか乗り越えてきたということを思い出してみれば、それが自信となり、今度はもっと楽な気持ちで子どもと接することができるのではないでしょうか。
1歳半ともなると、すでにこれからの一生の生活の中で必要となる発達の8割方が遂げられています。曲がりなりにも一人で歩き、親のいうこともかなり理解し、言葉で少しは気持ちを伝えられます。
これからは子育てというより、親子の生活の中で心やからだが育っていくのですから、親子一緒に毎日を楽しむようにしてください。
（巷野）

STEP 6

てくてくのころのココロ

1歳半前後

●言葉を理解しようとする力

1歳半ごろになれば、さかんに人と話をするようになります。わけのわからないおしゃべりの中にも、物の名前が出てきたりします。「マンマ」「ママ」「パパ」「イヤイヤ」「バイバイ」など、10単語くらいはいえるようになります。お母さんの言葉をそのままくり返すこともあります。
片言をいっているなと感じたら、意味がわからなくても耳を傾けてください。そして、優しく語りかけてあげることが大事です。お母さんが優しく語りかけると、話すことへの興味も強くなります。反対に「だめ」「よしなさい」など否定的な言葉が多かったり、いつも怒鳴ったり、言葉を聞いてあげないと話さなくなっていきます。
また、お母さんが赤ちゃんの言葉を察して、先にいってしまうのも、言葉の発達を妨げることになります。言葉の発達に大事なことは、自分の目で見て（視覚）、大人の言葉を聞いて（聴覚）、さわってなめてかぐ（嗅覚・味覚・触覚）、五感を使った行動なのです。

●お友達への関心

お友達への関心は強いのですが、まだ一緒に遊ぶことはできません。同じ場所にいて、お互いに関心はあっても、共同してやる遊びはできません。人の持っている物が魅力的で、すぐに取ろうとします。でも、自分の物は決して貸そうとしません。自分の物と人の物との区別がしっかりとはできていないので、とにかく全部自分の物にしたいのです。人に自分の物を貸すことができるようになるのは3歳近くなってからです。
このころになると、お母さんの姿が見えてなくても、お母さんはいなくならないと心の中にイメージを持てるようになるので、後追いなどの分離不安は少なくなっています。でも、いざというときの心の要は、やっぱりお母さんです。（植松）

パパ、あそぼⅢ

自分で動けるようになった赤ちゃんは
とてもエネルギッシュです。
そのパワーを満たしてあげられるよう、
お馬さんやたかいたかいなど
からだをいっぱい使って
あそんであげたいですね。

A よつばいになったパパの背中にのってお馬さんごっこ。ユラユラゆれる背中でうまくバランスとれるかな

B 脇をかかえて持ちあげ、ふりこ時計のように左右にブンブンとゆらしましょう

発達のPoint

自分で歩けるようになると道路の段差や生け垣などに登りたがったり、前につんのめりながらも小走りしたり…。日々、動きも進歩していきます。危なくない範囲で、赤ちゃんのチャレンジ精神を見守ってあげましょう。

げんこつ山のたぬきさん

「げんこつ山のたぬきさん」であそびましょう。
「げんこつ山の…」でこぶしを打ちあわせ
「おっぱい飲んで…」で飲む&ねんねポーズ
「だっこして…」でだっこ&おんぶポーズ
「また明日!」でバイバーイ!

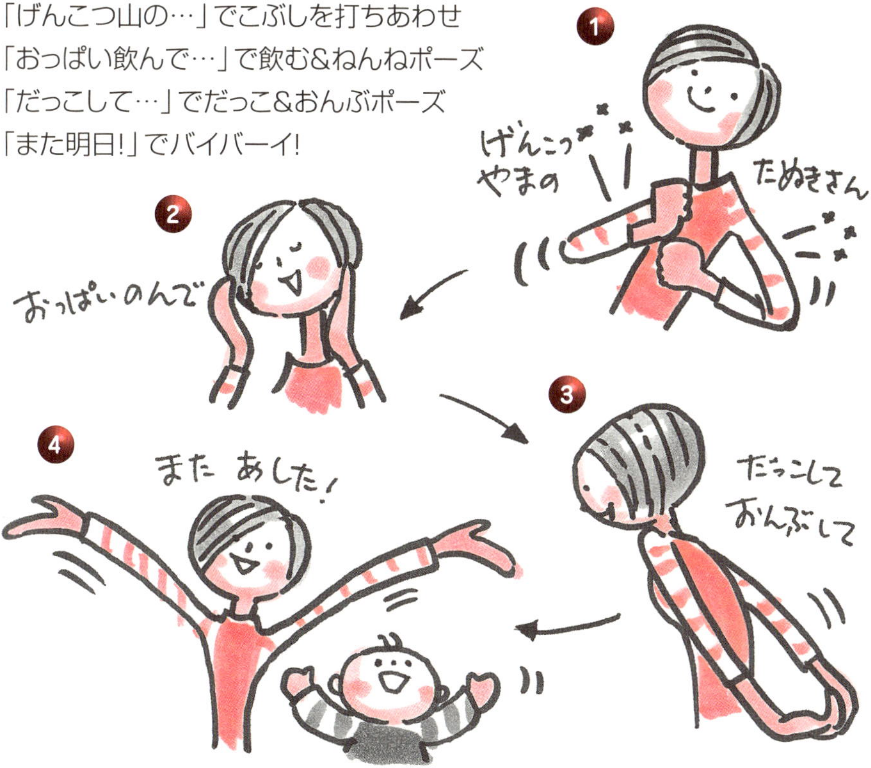
1
げんこつやまの
たぬきさん
2
おっぱいのんで
3
だっこして
おんぶして
4
また あした!

げんこつ山のたぬきさん
わらべうた

げん こ つや ま の た ぬき さん おっ ぱ いの んで
ね んね して だっ こし ておん ぶし て ま たあ した

お砂場へ出かけよう

発達のPoint
だんだんとお友達が気になるようになってきます。一緒にいると楽しいけれど、まだ相手のことを考えられないので、すぐ物の取りあいがはじまります。危険なことには大人の介入が必要ですが、赤ちゃん同士、取ったり取られたりしながら関係を学んでいきます。

赤ちゃんにとって砂あそびはとても魅力的。
砂をつかんで雨のように
サーッと落としてあそんだり、
一緒にお山をつくってみるのもいいですね。
大好きなおもちゃを砂の中に埋めて
宝探しにトライしても。

A バケツとスコップを用意して、砂すくいにチャレンジしてみましょう。こぼさず、うまくできるかな?

C 赤ちゃんが見ている前でおもちゃを砂場に隠し、一緒に探してみましょう

B 砂でお山をつくりましょう。くずしてあそぶのも楽しいですよ

からだはどこだ?

自分のからだにも興味が出はじめるころ。
からだの部位の指さし歌であそびましょう。
まずは大人が自分の鼻を指さしながら
「○○ちゃんのお鼻はどこだ?」と質問。
さて、赤ちゃんはうまく鼻を
さすことができるかな?

目や鼻、口、指、足、へそ
などいろいろなところを
指さしてみましょう

発達のPoint

1歳のころと比べると、言葉に対する理解もだいぶアップしてきました。話せる単語も10単語ぐらいになります。でも、言葉の発達には個人差があります。早くても遅くてもゴールは一緒、のんびりいきましょう。

はじめてのお絵描き

エンピツやクレヨン、紙を用意して
お絵描きにチャンレンジしてみましょう。
1歳代はグチャグチャの
なぐり描きしかできませんが、
ママが一緒に絵を描いてあげると
その絵にも興味を示します。

いたずら大好きな赤ちゃんは、目を離したすきに机や壁、柱などにらくがきなんてことも。赤ちゃんの芸術意欲を満たしてくれる大きな白い紙をたくさん用意してあげましょう

発達のPoint

赤ちゃんの描く絵は、まだ意味のない円や線です。まずはぎゅっとクレヨンを握りしめ、紙に押しつけるようにしてただ動かしてみる…といった感じです。なにかを見て、それを表現できるようになるのは3歳ぐらいになってからです。

いとまき

「いとまききまき…」で両手をグルグル
「ひいて…」で左右にこぶしを引いて
「トントントン」で打ちあわせます。
「上手にできた…」でからだをゆらします。
むかいあって、ゆっくり大きなふりを
つけながらうたいましょう。

1
いとまきまき
いとまききまき

2
ひいて
ひいて
3
トントントン
4
上手にできた
きれいにできた

いとまき

わらべうた

いと まきまき いと まきまきひいてひい て トントントン いと まきまき いと まきまき
ひいて ひい て トントントン じょうずに できた きれいに できた

チョン・チョン・パ！

赤ちゃんとむかいあい
「チョンチョン」で手をたたいて
「パー」のところで手をひらをあわせます。
「チョキ」のときは2本指、
「グー」のときはげんこつを
ゴツンとあわせてみましょう。

1
チョンチョン♪
パー

2
チョンチョン
チョキ♪

3
チョンチョン♪
グー

発達のPoint

いろいろなあそびにチャレンジできるようになり、一人あそびの時間も増えてきますが、やはり大人とのやりとりあそびやごっこあそびが大好きです。あそんでもらいたくて、パパやママにまとわりつきます。一緒にあそんであげる時間をつくってあげましょう。

Viva! 風あそび

「ぴゅーっ」とうちわで涼しい風を
おこしてみましょう。
うちわで赤ちゃんの顔をパタパタあおいだり、
うちわをおもちゃにしてみたり…
暑い夏におすすめの風あそびです。

Ⓐ 紙を小さく丸めてテープでとめ、凧ひもでうちわにくっつければデンデンうちわのできあがり

Ⓑ 細くちぎった紙を赤ちゃんに持たせて、うちわでパタパタ。紙がゆれるのを楽しみましょう

発達のPoint

人間のからだは環境にあわせて変わります。冷房だけにたよるのではなく、扇風機なども利用しながら湿度が高くムシムシする日本の夏にもすこしずつ慣らしていきましょう。

落ち葉あそび

秋、落ち葉の季節がやってきたら
赤ちゃんと落ち葉ひろいへ出かけましょう。
落ち葉を集めて、赤ちゃんの頭の上から
ふらせてあげるのもいいですね。
カサカサ…葉っぱをふみながら歩くのは
秋だけの楽しみです。

A 透明のビニール袋に落ち葉を入れて口をとめれば、秋色ボールのできあがり

B 落ち葉を集めて、パーッとふらせてみましょう。どんぐりなどを探してみるのもすてきです

発達のPoint

1歳ごろまで、拾ったものはなんでも口に持っていっていたのが、このころにはほとんどなくなります。ときどきかじってみますが、まずいとわかるとすぐやめます。視力や味覚が育ってきた証拠です。

新聞紙あそびⅡ

いらなくなった新聞紙や広告を
使ってあそびましょう。
ちぎって紙ふぶきを雪のようにふらせたり、
透明のビニール袋に入れてシェイクしたり、
新聞紙を丸めてテープでとめて、
ボールをつくってサッカーも。

A 新聞紙に小さなのぞき穴をつくって「いないいないばぁ!」

B セロハンテープで新聞紙をつなげ、端を持って風をおこしてみましょう

C ビリビリやぶいて紙ふぶきをたくさんつくり、ちらしてあそびましょう

発達のPoint

両手ききで右手も左手も均等に使っていたけれど、この時期になるとだんだんとよく使う手が出てきます。でも利き手がはっきりしてくるのはもうすこしあとでしょう。

電車で行こう!

ダンボールを切って大きな輪をつくり、
赤ちゃんと大人がその中に入って
電車ごっこにチャレンジ。
「お客さん、どこに行きますか？」と
声をかけながら雰囲気を出して。

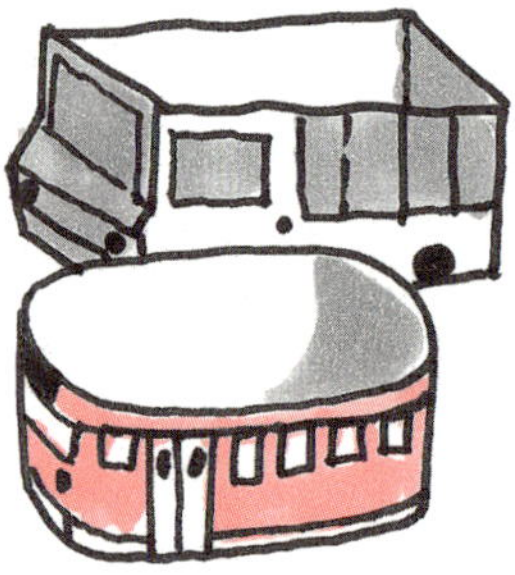

ダンボールを切ってつなげます。色づけして、電車や新幹線、自動車、消防車など、赤ちゃんの好きな乗り物をつくってみましょう

発達のPoint

自動車や電車、おままごと…誰が教えたわけでもないのに、やはり興味を示す物には差があります。でも、性別に関係なく、その子自身が一番楽しめるもので一緒にあそんであげたいですね。

リボンのおもちゃ

リボンのおもちゃをつくりましょう。
スティックリボンは
ふりまわしたり、波をつくったり…。
流星リボンは
投げたり、引きずってみたり…。
あそび方はいろいろです。

A スティックリボン
紙を細く筒状にしてスティックをつくります。
先端にリボンをつければできあがり

B 流星リボン
紙を丸めて手のひらサイズの
ボールをつくります。リボンを
シッポのようにつけます

発達のPoint
赤ちゃんはしていいこと、悪いことの判断はうまくできません。「だめ」「いけません」と一方的に怒るだけでなく、いたずらされたくないものはしまっておきましょう。そうすれば「だめ」もすくなくてすみます。

のりこえゲーム

あんよもだいぶしっかりしてきたら
段差ごえにチャレンジしてみましょう。
大人の足を障害物にしてまたいだり、
階段からジャンプしたり…
危なくないようしっかり
サポートしてあげてください。

A 両手を持って階段などから「ぴょん」とジャンプ!

B 足の上をまたぎます。バランスをとれないうちは手をもってサポートしてあげましょう

発達のPoint

大人にとってはなんでもない段差でも、頭が重い赤ちゃんはバランスをとるのが大変。階段はまだはってしかあがれません。2歳ぐらいになれば手を持ってあげればのぼれます。一人でのぼりおりできるのは3歳ぐらいでしょう。

赤ちゃんボウリング

家の中にある物を利用して
赤ちゃんと球技大会!
ペットボトルとビニールボール
があればボウリング。
うちわと風船を用意すれば
バドミントンが楽しめます。

A うちわで風船を打ってみましょう。赤ちゃんは上手にできませんが、風船をうちわに当てるだけでも楽しめます

B 空のペットボトルをいくつか並べます。少し離れたところから、ペットボトルをめがけてボールを転がします

発達のPoint

「できたね」「うれしいね」などの言葉は、赤ちゃんにとっての福音です。そんな言葉が多いと、いつもニコニコして人とのかかわりが楽しいと感じるようになります。なんでもほめてあげるのではなく、赤ちゃんがうれしいと感じているとき、一緒に喜んであげられるといいですね。

狭いところ大好き!

ママのお腹の中を思い出すのでしょうか…
赤ちゃんは狭いところが大好きです。
ふとんや椅子、ダンボールなど
家にある物を利用して、
赤ちゃんだけの秘密基地を
つくってあげましょう。

A 布団マットを三角形の山型にすれば赤ちゃん専用ルームに

B 椅子をいくつか並べてトンネルをつくってくぐります

発達のPoint

赤ちゃんはもぐりこんだり、よじのぼったりするのが大好き。あやまってイスから転落…なんてことのないよう注意しながら、「もぐりたい!　よじのぼりたい!」という意欲を満たしてあげたいですね。

サッカー＆キャッチボール

ビニールボールを持って、おんもへGO!
大人と赤ちゃんでむかいあって
ボールをキックしたり、
投げあいをしてあそびましょう。

A いろんなスタイルで投げあってみましょう

発達のPoint

どういうふうに投げれば目的にむかうか、どこで手を放せば遠くまで飛ぶか…なんども投げながら、投球スタイルや力の加減、タイミングを学んでいきます。頭の上から片手で投げられるようになるのは2歳以降です。

B ボールを蹴ってみましょう。最初は失敗してひっくり返ることもあるので目を離さないで

幼児への扉

ママやパパは、赤ちゃんが歩き始めた日の感激を、きっと忘れないことでしょう。それまで、ママやパパにまとわりついてばかりいた赤ちゃんは、このころから目を輝かしてひたすら一人で歩きます。それはちょうど雛鳥が巣立って、その小さい羽で空を飛ぶ練習をしているときのようです。満を持しての飛翔ですが、赤ちゃんもまさにその通りで、次第に自分の行動に自信を持っていきます。
水中の生物から、両生類、四足歩行の哺乳動物をへて、人類は、今から500万年前に立ち上がって二足歩行しはじめました。同時に、両手を使うことで、長い間かかって文化を創造し、今日の私たちへと発展してきたのです。
赤ちゃんも、からだを起立させた二足歩行が確実にできるようになると同時に、自由になった両手を動かして、小さな手で何でもつかんで確かめるようになります。赤ちゃんが歩き始めるということは、ただ歩き回るだけではありません。それを機に、脳細胞は猛烈な活動を始めて、生活環境への好奇心を広げていきます。また歩くことができれば、興味あるものはすべて自分の世界に取りこんでいくので、あそびは限りなく広がっていきます。一人歩きが始まる1歳代は、まさに赤ちゃんから幼児への扉が、大きく開かれていくときなのです。
一人歩きが自由になると、心やからだは急速に発達していきます。あそびの場が広がっていくので、折々に人を求めるようになります。そして、人とふれあう中で互いを結ぶ言葉が急速に発達していき、人との関係が

Column

濃くなり、相手の気持ちを直接感じとれるようになっていきます。それは、これから始まる集団生活への第一歩です。
また、このころになると段々と尿や便を排泄したいときは、決まった場所に行って排泄することができるようになります。動物にとって、排泄行動は慎重でなければなりません。どこでも排泄物で汚せば、その臭いを感じとられて敵にやられてしまいます。いままでは、大人は赤ちゃんのおしりをおむつでおおって汚さないようにしていました。赤ちゃんにとっては迷惑なことでしたが、歩くことができるようになるころには、排泄したいときに何かのサインが出せるようにまで成長します。しかし、まだ自分で服を脱いだりすることはできないので、大人のお手伝いが必要です。でも、これからは自分の意思で積極的な行動が始まるので、排泄のほうも一段と自立を早めていくことでしょう。
一人で歩けるようになって、言葉がわかって、おむつがとれるようになれば、これから先、一人の人間として必要な基礎が準備されたのですから、もう赤ちゃんではなく「子ども」です。これからの幼児期、そして長い人生に向かって出発進行のときです。
（巷野）

●おわりに
ベビーウォッチングのすすめ

植松紀子

この本は、月刊『赤ちゃんとママ』（赤ちゃんとママ社）の中の「赤ちゃんにタッチ」という連載記事を執筆していく中で、編集者と構想をまとめながらつくりあげました。そして、巷野悟郎先生の「おもしろそうだね。やってみようか、ぼくも協力するから」の一言が大きな勇気づけになり、完成することができたことを感謝いたします。
本書『赤ちゃん　あそぼ！』は、大きく2つに分けて「からだの発見・こころの芽生え」と「発育にあわせたあそびの実際」で構成されています。「あそびの実際」は、新生児期・くびすわりのころ・おすわりのころ・つかまり立ちのころ・あんよのころ・てくてくのころと分けて考えました。これらのあそびを考えているとき、赤ちゃんとお父さん、お母さんのあそんでいる姿を思い浮かべながら、それがいきいきと楽しそうに動き始めたものを取り上げてみました。

赤ちゃんを見つめていると、じつにいろいろな動きをします。人に見せようとするわけでもなく、一心にやっている姿はとてもかわいく、大人は目が放せなくなります。時間があれば、1時間はボーッと見とれているだろうなと感じます。赤ちゃんが眠っているときも、眠っていて口元がニッとすると、引き込まれて、もう私の顔がクシャクシャになっていることに気づきます。
赤ちゃんの動きにはすべて意味があって、その意味を考えているだけで楽しくなります。たとえば、窓のほうを赤ちゃんがジッと見つめています。横になり同じ目線になって見ると、カーテンがかすかに揺れていたり、窓の外の樹が大きく揺れていたりします。目で動くものをとらえたときの赤ちゃんは、目を大きく見開き、口を半開きにしていたりします。
まずは、赤ちゃんをよく観察してみてください。そして1日5分間だけでも、赤ちゃんとあそぶためのハンドブックとして、本書を活用していただければと思います。

INDEX

さてさて　なにしてあそぶ？

●おもちゃであそぶ

●日用品を利用してあそぶ

●からだを動かしてあそぶ

インデックス

著者紹介

巷野 悟郎（こうの・ごろう）

1944 年、東京大学医学部卒業。医学博士、小児科医。東京都立府中病院院長、東京家政大学·聖徳大学教授を経て、こどもの城小児保健クリニック院長、日本保育園保健協議会会長、公益社団法人母子保健推進会議会長、社会福祉法人日本保育協会理事などを務める。『子育ては自然に帰れ』（泉書房）、『保育保健の基礎知識』編著（小児医事出版社）、『赤ちゃんが書かせてくれた―小児科医からママへの手紙―』（赤ちゃんとママ社）など、著書多数。2016 年逝去。

●

植松 紀子（うえまつ・のりこ）

1966 年、日本大学心理学科卒業。臨床心理士。武蔵野赤十字病院、川崎市中央児童相談所、神奈川県立相模原児童相談所、藤沢市教育委員会·指導課を経て、1992 ～ 2007 年までこどもの城小児保健部に臨床心理士として勤務。植松メンタルヘルス·ルーム主宰（道玄坂）。
著書に『6 歳までの子どものほめ方叱り方』（すばる舎）、『8 歳で切りかえる子育て』（赤ちゃんとママ社）などがある。

本書は月刊『赤ちゃんとママ』（赤ちゃんとママ社）に連載された
「赤ちゃんにタッチ」をもとに新たに書き下ろしたものです。

赤ちゃん あそぼ!
0〜2歳のふれあいあそび

2002年 4 月 8 日　第1版第1刷発行
2023年 9 月25日　第1版第9刷発行
著　者………巷野 悟郎
植松 紀子
発行人………小山 朝史
発行所………株式会社　赤ちゃんとママ社
〒160-0003　東京都新宿区四谷本塩町14番1号
電話　03-5367-6595（編集）
03-5367-6592（販売）
振替　00160-8-43882
(http://www.akamama.co.jp)
印刷・製本…大日本印刷株式会社

ISBN978-4-87014-029-5
日本音楽著作権協会（出）許諾第0201100-604号

赤ちゃんとママ社の本

どうしたの？
産後ママのからだ相談室 改訂版

大鷹 美子（愛育クリニック　産婦人科医）・著

産後のからだの悩み、一人で抱えこまないで！

赤ちゃんには3カ月、1歳半、3歳と健診があるけれど、ママは産後1カ月健診のあと、自分で健康管理しなければなりません。そこで、産後のからだの変化や病気の症状をQ&A形式でわかりやすく解説。「これって普通？　それとも病気？」と悩むママにお役立ちの一冊です。
●おもな内容…Q 抜け毛や白髪が増えるのはなぜ？／Q 妊娠・出産でアレルギー体質に？／Q ひどい腰痛に悩まされています／Q 帝王切開したら次の子も帝王切開？／Q 母乳が出すぎて困っています…など80問

A5判変型　224頁
価格：本体1400円＋税

赤ちゃんが書かせてくれた
―小児科医からママへの手紙―

巷野 悟郎（元こどもの城小児保健部）・著

子育てを楽しんでいますか？

月刊『赤ちゃんとママ』に連載され、お母さんたちに好評を博した散文詩「巻頭のことば」が本になりました。子育てに「こうしなければならない」ということはありません。情報に振りまわされることなく、赤ちゃん自身を見つめてください…そんな心温まるメッセージがつまっています。
●おもな内容…地球のリズムにのって／わがままが力をつける／いつかきっと／ママの心を見抜く赤ちゃん／時の氏神／子どものときがあったのに／母子健康手帳／父の後ろ姿／いくつになっても…ほか

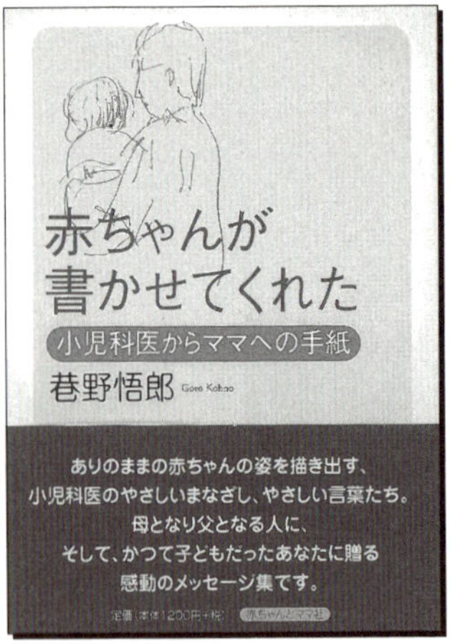

B6判　168頁
価格：本体1200円＋税